सरमाया : कैफ़ी आज़मी समग्र

सरमाया

कैफ़ी आज़मी समग्र

कैफ़ी आज़मी

सम्पादन व रूपान्तरण

शाहिद माहुली

वाणी प्रकाशन

4695, 21-ए, दरियागंज, नयी दिल्ली 110 002

शाखा

अशोक राजपथ, पटना 800 004

फ़ोन : +91 11 23273167 फ़ैक्स : +91 11 23275710

www.vaniprakashan.in
vaniprakashan@gmail.com
sales@vaniprakashan.in

SARMAYA : KAIFI AAZMI SAMAGRA
by Kaifi Aazmi
Edited by Shahid Mahuli

ISBN : 978-93-5229-317-9
Samagra

प्रथम संस्करण 1999
द्वितीय संस्करण 2000
तृतीय संस्करण 2009
आवृत्ति संस्करण 2018

मूल्य : ₹ 395

एम.एस. प्रिंटर्स, दिल्ली-110 093 में मुद्रित

वाणी प्रकाशन का लोगो मक़बूल फ़िदा हुसेन की कूची से

अनुक्रम

सरे सर-ए-सुख़न (अपनी बात)

मैं और मेरी शाइरी

मैं
कब पैदा हुआ..याद नहीं।
कब मरूँगा..मालूम नहीं।

अपने बारे में यक़ीन के साथ सिर्फ इतना कर सकता हूँ कि मैं मह्कूम (गुलाम) हिन्दुस्तान में पैदा हुआ। आज़ाद हिन्दुस्तान में बूढ़ा हुआ और सोशलिज़्ट हिन्दुस्तान में मरूँगा। यह किसी मज्जूब की बड़ या दीवाने का सपना नहीं है। समाजवाद (सोशलिज़्म) के लिए सारे संसार में और स्वयं मरे अपने देश में एक समय से जो महान संघर्ष हो रहा है। उसे से सदैव जो मेरा और मेरी शायरी का सम्बन्ध रहा है। इस विश्वास ने उसी की कोख से जन्म लिया है।

मैं उत्तर प्रदेश के जिला आज़म गढ़ के एक छोटे से गाँव में पैदा हुआ। घर पर कृषि भी होती थी, छोटी मोटी ज़मींदारी भी थी। मेरे पिता सय्यद फ़त्ह हुसैन रिज़वी मरहूम को कुदरत ने एक ऐसी पेनी दृष्टि दी थी जो पत्थर के सीने में ताण्डव का नृत्य देखा करती थी। उनसे 80-90 वर्ष उधर जब मेरे सबसे बड़े भाई जन्मे तो पिताजी ने माता से कहा कि भारत में ज़मींदारी का कोई भविष्य नहीं है। यदि हम इस पर विश्वास किये बैठे रहे तो बच्चों की शिक्षा हो सकेगी न दीक्षा। इसलिये मैं गाँव से निकलकर बाहर जाता हूँ, यदि कोई ढ़ंग की नौकरी मिल गयी तो आपको भी वहीं बुला लूँगा और जहाँ तक सम्भव होगा, बच्चों को लखनऊ रखूँगा ताकि वहां उन की उचित शिक्षा हो सके और भाषा भी परिष्कृत हो जाये। पिताजी के इस निर्णय से कुल परिवार में एक कोहराम मच गया कि कितना ग़लत क़दम है। यदि अपना राजपाट छोड़ कर उन्होंने नौकरी कर ली तो पूरे ज़मींदारों की नाक कट जायेगी। अब्बा नौकरी का फ़ैसला इस लिए कर सके कि उस समय सारे परिवार में एक मात्र वहीं शिक्षित थे। परिवार की चीख़ोपुकार पर कान धरे बिना अब्बा लखनऊ चले

गये। सौभाग्य से उन को बहुत जल्दी अवध के एक सुप्रसिद्ध प्रान्त बलहरी में तहसील दारी मिल गयी। उस के पश्चात अब्बा ने पत्नी एवं बच्चों को भी वहीं बुला लिया और लखनऊ में एक मकान किराये पर लेकर लड़कों को वहाँ रखा। कुछ समय के बाद बड़े भाई पढ़ने हेतु अलीगढ़ भेज दिये गये। उन के बाद के दो भाई लखनऊ में रहे। उनकी शिक्षा वहीं हुई। प्राथमिक शिक्षा से उच्च शिक्षा तक किन्तु अब्बा ने गाँव से सम्बन्ध तोड़ा नहीं। अपने छोटे भाईयों को रूपये भेजते रहे। कृषि जो पूर्व से होती थी। उसने उस जमाने में बहुत उन्नति की। अब्बा ने गाँव में घर बनवाया जिसको गाँव के आम घरों के मुकाबले में हवेली कह सकते है। ज़मींदार होने के बावजूद अब्बा को अपनी पुत्रियों से अधिक प्यार था लेकिन दुर्भाग्य से सबसे बड़ी बीजी को टी0 बी0 हो गयी, उस समय यह बीमारी कैंसर से कम नहीं समझी जाती थी। अब्बा ने बाजी का अच्छे से अच्छा इलाज कराया अम्मा उसको ले कर इस डाक्टर से पास उस डाक्टर के पास इस अस्पताल से उस अस्पताल इस शहर से उस शहर जाती हैं लेकिन उल्टी हो गयीं सारी कोशिशें कुछ न दवा ने काम किया, तीन-चार साल बीमार रह कर बाजी की मृत्यु हो गयी। उनके बाद तीन और बहनें लगातार इसी भयानक बीमारी का शिकार हुईं। उनका भी इसी तरह इलाज हुआ मैं उस समय घर में सबसे छोटा था अम्मा जहाँ अपनी किसी बेटी को लेकर इलाज के लिए जातीं मुझे उनके साथ जाना पड़ता। इस तरह मैंने कच्ची उम्र में अपने चारों तरफ बीमारियों और दुःखों की भीड़ देखी और मैं धीरे-धीरे ग़म पसन्द होता जाता। दुर्भाग्य से इन बहनों की भी मृत्यु हो गयी। वह यह सोचने लगे और कहने लगे कि हमने सब लड़कों को अंग्रेजी पढ़ाई है इसलिए घर पर यह कोप आया। वह अम्मा से अक्सर कहते कि जब हम मरेंगे तो कोई बेटा फ़ातिहः भी न पढ़ेगा अंग्रेजी स्कूलों में उनको फ़ातिहः पढ़ना सिखाया ही नहीं गया है। इसलिए माता पिता ने स्वयं यह निर्णय लिया कि मुझे दीनी शिक्षा दिलायी जाय। इस बात को नई नस्ल की एक प्रगतिशील अफ़साना निगार आयशा सिद्दीक़ी ने मेरे बारे में अपने एक लेख में इस तरह लिखा है "कि कैफ़ी साहब को उनके बुजुर्गों ने एक दीनी शिक्षा गृह में इसलिए दाख़िल किया था वहाँ यह फ़ातिहः पढ़ना सीख जायेंगे। कैफ़ी साहब इस शिक्षा गृह में मज़हब पर फ़ातिहः पढ़कर निकल आये।" इस शिक्षा-गृह की बात यह है कि माता पिता ने मुझे मोलवी बनाने के ख़्याल से मेरे लिए अंग्रेजी शिक्षा को वर्जित घोषित कर दिया। चचा मर्हूम जो काश्तकारी देखते थे वह मुझे कुछ भी पढ़ाने के ख़िलाफ़ थे वह अब्बा से हमेशा कहते की आप ने जिन लड़कों को साहब बहादुर बना दिया है वह न तो कभी गाँव में रहेंगे न खेत-खलिहान के चक्कर में पड़ेंगे, मैं अब कितने दिन जियूँगा और कितने दिन इतनी बड़ी खेती को संभालूँगा। एक लड़के को तो इस क़ाबिल रहने दीजिए कि वह इन चीजों को संभाल सके। लेकिन मेरा यह हाल था कि भाई साहबान जब छुट्टियाँ गुज़ार कर लखनऊ जाने लगते तो मैं घर में के किसी कौने में रो-रो कर अपना बुरा हाल कर लेता। इन हालात में उम्र

का वह हिस्सा जिसमें शिक्षा शुरू हो जानी चाहिए थी वरबाद हो गया लेकिन अचानक क़िस्मत ने साथ दिया फ़सल की कटाई हो रही थी इसका तरीक़ा यह है कि मुँह अंधेरे किसान अपने हंसिये लेकर आजाते हैं, और दोपहर तक बड़े से बड़ा खेत साफ़ हो जाता है। इसका पारिश्रमिक उनको यह मिलता है कि वह जो चीज़ काटते हैं उसकी छोटी-छोटी पौलियाँ बनाकर खेत में-एक लाइन से बिछा देते हैं। बीस पौलियाँ जमींदार की होती हैं इक्कीसवीं उस किसान की जो फ़सल काटता है। हमारा सबसे बड़ा खेत जिसमें गले गले जौ आया था कट रहा था, इत्तिफ़ाक़ से चचा को तहसील जाना था वह जाते-जाते मुझे खेत में बिठा गये और अच्छी तरह समझा दिया कि ध्यान रखना यह लोग बड़े बेईमान होते हैं और हरामख़ोर भी यह इक्कीसवीं पौली हमेशा बहुत बड़ी बनाते हैं एक पौली में दो-दो तीन-तीन पसेरी अनाज लेकर वह चले जाते हैं किसी को ऐसा न करने देना ख़बरदार, मैंने उनको इत्मीनान दिलाया कि मैं एक बाल किसी को ज़्यादा न ले जाने दूँगा। संतोष पाकर चचा तहसील चले गये फ़सल कटती रही मैं देखता रहा। गाँव की एक खूबसूरत और जवान लड़की भी फ़सल काट रही थी मैं अधिकतर उसी के पास खड़ा रहा। दोपहर तक उसके गोरे-गोरे गालों से धूप रंग बनकर टपकने लगी उसको कुछ अपने ऊपर यक़ीन था कुछ मेरी कमज़ोरी भी समझ चुकी थी इसलिए उसने अपनी पौलियाँ बहुत बड़ी वना रखी थीं और जब मैं उनको देखने लगता तब वह मुस्कुराने लगती। उसने पौलियाँ जैसी बनायी थीं ऐसी ही मैंने उसको ले जाने दिया। गाँव की एक बूढ़ी औरत यह सब कुछ बड़े ग़ौर से देख रही थी उसने थोड़ा सा अनाज चुरा रखा था, इतने में चचा आ गये उन्होंने उस बुढ़िया को पकड़ लिया, उसको डराया-धमकाया तो उसने उनसे नमक मिर्च लगाकर मेरी शिकायत जड़ दी कि तूँ इसे मुट्ठी भर जो छीन लिए और तिहरे बनवाऐ ऊका, ऊ जौन पुतरिया की तरह बाल डारे आ रही है तेरे बिटवा ने ऊका ऊ जौन पुतरिया की तरह सींगार करके काटे आ रही बोझ का बोझ उठाय के ऊके सरापर रखे दीन, चचा ने मेरा कान पकड़ा और घसीटते हुए घर में अम्माँ के पास ले गये कि इनको भी वहीं भेज दीजिए यह गाँव में रहेंगे तो सब कुछ लुटा देंगे। मुझे माँगी मुराद मिल गयी, दो चार दिन के बाद अम्मा ने मामूँ के साथ मुझे लखनऊ भेज दिया।

लखनऊ में शियों के सवसे बड़े शिक्षा गृह "सुल्तानुलमदारिस" में मेरा नाम लिखा दिया गया और बोर्डिंग में दाख़िल कर दिया गया, इस शिक्षा गृह में पहुँचकर और बोर्डिंग में रहकर मुझ पर "उर्फ़ी" के एक शेर की सच्चाई पूरी तरह ज़ाहिर हुई :

मुफ़्तियाँ कीं जल्वः बर मह्राब-ओ-मिम्बर मी कुनंद
चूं ब ख़ल्वत मी रवंद आँ कार दीगर मी कुनंद।।

मैं देखता था रोज जब इन्टखल हो तो है मौलाना जो हमें पढ़ाते थे हमारे दर्जे के एक लड़के को जिसका शरीर ठीक-ठाक था अपने साथ ले कर अपने कमरे में चले जाते और अन्दर दरवाजा बन्द हो जाता। मैं नया-नया गाँव से आया था। गाँव के लोग किसी चीज़

को जानने के उत्सुक होते हैं। मेरे दिल में भी इच्छा हुई कि देखूँ कमरे में होता क्या है। रोशनदान जो थोड़ा ऊँचाई पर था मैंने उसके नीचे स्टूल रखा ऊपर खड़े होकर जो रोशनदान से कमरे में झाँकने लगा। मैंने देखा कि हमारे मोलवी साहब पलंग पर लेटे हुए हैं दो तीन मोलवी साहबान पलंग के क़रीब कुर्सियों पर बैठे हैं लड़का हमारे मोलवी साहब के पलंग पर बैठा एक छोटी सी किताब पढ़कर उनको सुना रहा है। कभी-कभी मोलवी साहब कहते लाहौल विला कुव्वत और लड़के के गाल में ज़ोर से चुटकी लेते बारी-बारी दूसरे मोलवी सहबाना भी यही हरकत करते। उस वक़्त शीअः मोलवी और मौलाना अब्दुश् शकूर में बड़ी बहस हो रही थी। मैं समझा इस सिलसिले में कोई किताव होगी हमारे मोलवी साहब जिसका मुंहतोड़ जवाब लिखेंगे शायद।

जब कमरा खुला और लड़का बाहर निकला तो मैंने उसको पकड़ लिया और उससे तरह-तरह से पूछना शुरू किया कि तुम क्या पढ़कर सुनाते हो वह कुछ घबरा गया और मुझे वहीं ठहरने का इशारा करके भाग के कमरे में गया और किताब लाकर मुझे दिखायी। ये संक्षिप्त कहानियों का संग्रह है "अंगारे" था जिस पर यू0 पी0 सरकार ने पाबन्दी लगा रखी थी। प्रगतिशील साहित्य से यह मेरा पहला परिचय था।

सुल्तानुलमदारिस जिस दिन क़ाइम हुआ था उसी दिन उसके सारे क़ाइदे क़ानून बन गये थे इस हालात के मुताबिक़ फिर किसी रद्द-बदल को पाप समझा गया था। मैंने कुछ दोस्तों के साथ मिलकर छात्रों की एक कमेटी बनाई और छात्रों की कुछ मांगे बनाई गयीं और उनको लेकर सुल्तानलमदारिस को व्यवस्था समिति को पेश किया। इसका जवाब हमको यह मिला कि यह अंजुमन हमारी मुख़ालिफ़त में बनायी गयी है। हम इसको नहीं मानते इसलिए अंजुमन को फौरन तोड़ दो वर्ना..............अंजुमन बन चुकी थी। इसको तोड़ने का सवाल ही नहीं हमने कुर्सियों पर बैठे हुए लोगों को नोटिस दिया अगर फौरन हमारी अंजुमन को तसलीम न किया गया तो हम स्ट्राइक़ करेंगे और हुआ यही कि हम को कुछ दिनों बाद स्ट्राइक करनी पड़ी। स्ट्राइक में सारे छात्रों ने शिरकत की और कुछ दिनों के बाद दफ़तर में काम करने वाले और कुछ उस्ताद भी हमारे साथ आये। इस स्ट्राइक से व्यवस्था समिति के लोग बौखलाए उन्होंने नोटिस दिया कि सुल्तानुलमदारिस बन्द किया जाता है। तुम लोग कमरे छोड़ दो और अपने-अपने गाँव चले जाओ जब सुल्तानुलमदारिस खुलेगा तुम लोग बुला लिए जाओगे। हम लोगों ने इस नोटिस का कोई नोटिस नहीं लिया। कमरों में भी डटे रहे और अपनी माँगों पर भी डटे रहे। एक रात हुसैनाबाद के कारिन्दे मोटे-मोटे डंडे लेकर आए उन्होंने हमारा सामान कमरों से निकाल-निकालकर बाहर फैंक दिया और हमारी अच्छी ख़ासी पिटाई भी की। हम भी अहिंसा वादी नहीं थे हमने भी ईंट का जवाब पत्थर से दिया और बोर्डिंग पर क़ब्ज़ा किये बैठे रहे उस वक़्त तक मेरी शाइरी शुरू हो चुकी थी। शाइरी की शुरूआत एक परंपरागत ग़ज़ल से हुई थी। लेकिन इस स्ट्राइक के दौरान ग़ज़ल गोई छूट

गयी औंर मैं विरोध की शाइरी करने लगा। क़रीब क़रीब रोज़ एक नज़्म कर लेता लड़कों को सुनता और उनमें जोश पैदा करता। पिटाई के बाद दूसरे दिन सुल्तानुलमदारिस के उत्तरी फाटक पर मीटिंग हो रही थी लड़के कुछ ज़मीन पर बैठे थे कुछ खड़े थे मैं उनके दरमियान एक नज़्म सुना रहा था कि मैंने देखा कि एक बहुत बूढ़े आदमी तांगे पर बैठे हमारी तरफ़ आ रहे हैं। मैं घबराया कि यह हज़रत आकर अभी हमको समझाना शुरू करेंगे कि तुम लोग यह क्या कर रहे हो इससे हमारा इतना बड़ा शिक्षा गृह बदनाम हो रहा है वग़ैरह-वग़ैरह। घबराहट में वह नज़्म और जोश से पढ़ने लगा क़रीब आकर वह बुज़ुर्ग ताँगे से उतर पड़े और मीटिंग में शामिल हो गये। नज़्म खत्म हुई तो उन्होंने मुझसे नज़्म माँगी मैंने दे दी एक सरसरी नज़र डालकर उन्होंने नज़्म जेब्र में रखली और मुझसे कहा तुम जिनको चाहो अपने साथ ले लो और मेरे साथ मेरे घर चलो। मैंने गंवारों की तरह पूछ लिया आप है कौन बुज़ुर्ग उन्होंने फ़र्माया अली अब्बास हुसैनी कहते हैं। अली अब्बास हुसैनी उर्दूवालों में प्रेमचन्द्र के बाद दूसरा नाम। मैं सर झुकाए उनके पीछे हो लिया वह गोला गंज में रहते थे। घर पहुँच कर हुसैनी साहब ने नौकर को चाय बनाने का हुक्म दिया और अपने साहबज़ादे से कहा जाओ देखो एहतिशाम साहब यूनिवर्सिटी से आये हों तो बुला लाओ। एहतिशाम साहब क़रीब ही बारूद खाने में रहते थे। एहतिशाम साहब आये तो उनके साथ आज़म हुसैन साहब भी आ गये जो रोज़नामा "सरफ़राज" के एडीटर थे। हुसैनी साहब ने ज़ोरदार लफ़्ज़ों में हमारी वकालत की और मुझसे इस्रार किया कि मैं अपनी वही नज़्म सुनाऊँ। मैंने नज़्म सुनाई आज़म साहब ने ले ली कि वह इसको "सरफ़राज" में छापेंगे। और हमारे समर्थन में सम्पादकीय भी लिखेंगे। एहतिशाम साहब ने मुझे अलीसरदार जाफ़री साहब से मिलवाया। यह स्टूडेन्टस फ़ेडरेशन के जनरल सेक्रेट्री थे या सदर। आज़म साहब ने हमारे समर्थन में जबरदस्त सम्पादक़ीय लिखा जाफ़री साहब हमारी मीटिंगों में आने लगे हमारे एजीटेशन में जान आ गयी। हुसैनाबाद वक़्फ़ के मुतवल्लियों ने हमारी मांगे मान लीं और लगभग डेढ़ साल बाद हमारी स्ट्राइक ख़त्म हुई लेकिन मेरे चन्द और साथी सुल्तानुलमदारिस से निकाल दिए गये। मोलवी बनने का ख्याल मैं छोड़ ही चुका था लेकिन पढ़ाई जारी रखी और प्राइवेट इम्तिहानात देकर उर्दू, फ़ार्सी और अरबी की कुछ डिग्रियां हासिल कीं जिसका विवरण यह है :

1. दबीर माहिर (फ़ार्सी)
2. दबीर कामिल (फ़ार्सी) (लखनऊ यूनिवर्सिटी)
3. आलिम (अरबी)
4. आला काबिल (उर्दू)
5. मुंशी (फ़ार्सी) (इलाहबाद यूनिवर्सिटी)
6. मुंशी कामिल (फ़ार्सी)

सोचा था कि यह परीक्षाएं पास करके किसी कालेज में सीधे एफ़. ए. में दाख़िला ले लूँगा ओर अँग्रेज़ी पढ़ूँगा। लेकिन जब तक सियासत और शाइरी का जुनून बहुत बढ़ चुका था आगे पढ़ाई के लिए जिस कोशिश की ज़रूरत थी मेरा फक्कड़ पन उसको झेल नहीं सका ओर पढ़ाई अधूरी रह गयी।

शाइरी तो एक तरह से मुझे ख़ानदानी मिली मेरे अब्बा बाक़ाइदः शाइर तो नहीं थे लेकिन शाइरी को अच्छी तरह समझते थे घर में उर्दू, फ़ार्सी के दीवान (संग्रह) बड़ी संख्या में थे। मैंने यह कितावें उस उम्र में पढ़ीं जब उनका बहुत हिस्सा समझ में आता था। मुझसे बड़े तीनों भाई बाक़ाएदः शाइर थे या'नी बयाज़ (डायरी) रखते थे और उपाधि भी। सबसे बड़े भाई सैय्यद ज़फ़र हुसैन मर्हूम की उपाधि ''मजरूह'' थी। उनसे छोटे भाई सैय्यद हुसैन की उपाधि ''बेताब'' थी। उनसे छोटे भाई सैय्यद शब्बीर हुसैन की उपाधि ''वफ़ा'' थी। भाई साहबान जब छुट्टियों में अलीगढ़ और लखनऊ से घर आते थे तो घर पर अक्सर शे'री महफ़िलें होती थीं जिनमें भाई साहबान के अलावा पूरे क़स्बे के शोअरा शरीक होते थे। भाई साहबान अब जब अब्बा को अपना कलाम सुनाते और अब्बा उसकी तारीफ़ करते तो मुझे ईर्ष्या होती और मैं बड़ी हसरत से अपने से सवाल करता क्या मैं भी कभी शे'र कह सकूँगा। लेकिन मैं जब भाईयों के शे'र सुनने के लिए खड़ा हो जाता या चुपचाप कहीं बैठ जाता तो फ़ौरन किसी बुज़ुर्ग की डांट पड़ती थी कि तुम यहाँ क्यों बैठे हो। तुम्हारी समझ में क्या आयेगा। घर में जाओ और पान बनवाकर लाओ मैं पांव पटकता तक़रीबन रोता हुआ घर में बाजी कें पास जाता कि देखिये मेरे साथ यह हुआ। मैं एक दिन इन सबसे बड़ा शाइर बनकर दिखा दूँगा। बाजी मुस्कराकर कहती क्यों नहीं तुम ज़रूर कभी बड़ा शाइर बनोगे, अभी तो यह पान ले जाओ और बाहर दे आओ। इसी उम्र में एक घटना यह है कि अब्बा बहराइच में थे क़ज़्लबाश स्टेट के मुख़्तार आम या पता नहीं क्या, वहाँ एक मुशाअरः हुआ उस वक्त ज़्यादातर मुशाअरे तरही (एक लाइन देना) हुआ करते थे। इसी तरह का एक मुशाअरः था भाई साहबान लखनऊ से आये थे। बहराईच, गोण्डा नानपारा और करीब-दूर के बहुत से शाइर बुलाए गये थे। मुशाअरे के अध्यक्ष ''मानी जयासी'' साहब थे। उनके शे'र सुनने का एक ख़ास तरीक़ा था कि एक वह शे'र सुनने के लिए अपनी जगह पर उकड़ूँ वैठ जाते और अपना सर दोनों घुटनों में दबा लेते और झूम-झूम कर शे'र सुनते और दाद (प्रशंसा) देते। उस वक़्त शाइर सीनियारिटी से बिठाये जाते एक छोटी सी चौकी पर क़ालीन बिछा होता और गाव तकिया लगा होता। अध्यक्ष इसी चौकी पर गाव-तकिया के सहारे बैठता जिस शाइर की बारी आती वह इसी चौकी पर आकर एक तरफ़ बहुत आदर से घुटनों के बल बैठता, मुझे मौक़ा मिला तो मैं भी इसी तरह आदर से चौकी पर घुटनों के बल बैठकर अपनी ग़ज़ल जो ''तरह'' में थी सुनाने लगा। ''तरह'' थी मेहरबाँ होता, राज़दाँ होता वग़ैरह। मैंने एक शे'र पढ़ा—

वह सबकी सुन रहे हैं सवको दाद-ए-शौक़ देते हैं
कहीं ऐसे में मेरा क़िस्सः-ए-ग़म भी बयां होता।

'मानी'' साहब को न जाने शे'र इतना क्यों पंसद आया कि उन्होंने खुश होकर पीठ ठोंकने के लिए पीठ पर एक हाथ मारा मैं चौकी से ज़मीन पर आ रहा। ''मानी'' साहब का मुंह घुटनों में छिपा हुआ इसलिए उन्होंने देखा नहीं कि क्या हुआ झूम-झूम कर दाद देते और शे'र दुबारा पढ़वाते रहे और मैं ज़मीन पर पड़ा-पड़ा शे'र दोहराता रहा। यह पहला मुशाअरः था जिसमें शाइर की हैसियत से मैं शरीक हुआ। इस मुशाअरे में मुझे जितनी दाद मिली उसकी याद से अब तक (कोफ़्त) परेशान रहता हूँ। बुजुर्गों ने इस तरह मेरा दिल बढ़ाया कि वाह मियां वाह, माशा अल्लाह आप की याद दाश्त (मेमोरी) बहुत अच्छी है किसी ने कहा ज़िन्दा रहो मियां किस ए'तिमाद से ग़ज़ल सुनाई है। हर आदमी यह समझ रहा और किसी न किसी तरह यह दिखा रहा था कि मुझे मेरे किसी भाई ने ग़ज़ल लिखकर दे दी है जो मैंने अपने नाम से पढ़ी है। ख़ैर इन बुजुर्गों के इन अंदेशों (शंकाओं) की मैंने ज़ियादः परवाह नहीं की। लेकिन जब अब्बा ने भी कोई इस तरह की बात की तो मेरा दिल टूट गया और मैं रोने लगा। मेरे बड़े भाई शब्बीर हुसैन ''वफ़ा'' अब्बा बेटों में जिनको सबसे ज़ियादः चाहते थे, उन्होंने अब्बा से कहा इन्होंने जो ग़ज़ल पढ़ी है वह इन्ही की है। शक दूर करने के लिए क्यों न इम्तिहान ले लिया जाये। उस वक़्त अब्बा ने मुंशी हज़रत शौक़ वहराइचीह थे जो मज़ाहिया (व्यंग) शाइर थे। उन्होंने इस प्रस्ताव का समर्थन किया। मुझसे पूछा गया इम्तिहान देने के लिए तैयार हो। मैं खुशी से इसके लिए तैयार हो गया। शौक़ साहब ने मिस्‌रा' दिया ''इतना हंसो कि आँख से आंसू निकल पड़े'' भाई साहब ने ये ज़मीन इनके लिए बंजर साबित होगी कोई अच्छा प्रस्ताव दीजिए। लेकिन मेरा उस वक़्त की ईगो आज जिसे अक्सर तलाश करता हूँ, मैंने कहा अगर मैं ग़ज़ल कहूँगा तो इसी ज़मीन (कैनवस) में वर्ना इम्तिहान नहीं दूँगा। तय पाया कि इस ''तरह'' में तबा' आज़माई (कोशिश) करूँ। मैं उसी जगह लोगों से ज़रा हट कर दीवार की तरफ़ मुँह करके बैठ गया और थोड़ी देर में तीन चार शे'र हो गये। आज इन शे'रों को देखता हूँ तो समझ में नहीं आता कि इन में मेरा क्या है पूरी ग़ज़ल में वहीं बातें जो असातिज़: (पुराने बड़े शाइर) कह चुके थे। उस ज़माने का ज़ियादः कलाम नष्ट हो गया लेकिन वह पहली ग़ज़ल इसलिए ज़िन्दा रह गयी कि न जाने कहाँ से वह बेगम अख़्तर तक पहुँच गयी उसमें उन्होंने अपनी आवाज़ के पंख लगा दिये और वह सारे हिन्दुस्तान और पाकिस्तान में मशहूर हो गयी। लीजिए वह ग़ज़ल आप भी सुन लीजिए। यह मेरी जिन्दगी की पहली ग़ज़ल है जो मैंने ग्यारह वर्ष की उम्र में कही थी।

ग़ज़ल

इतना तो जिन्दगी में किसी की **ख़लल** पड़े
हँसने से हो सुकून न रोने से **कल** पड़े
जिस तरह हंस रहा हूँ मैं पी पी के गर्म **अश्क**
यूँ दूसरा हंसे तो कलेजा निकल पड़े
इक तुम कि तुम को फ़िक्र-ए-**नशेब-व-फ़राज़** है
इक हम कि चल पड़े तो बहरहाल चल पड़े
साक़ी सभी को है ग़म-ए-तिश्नः लबी मगर
मय है इसीकी नाम पे जिसकी उबल पड़े
मुद्दत के बाद उसने की तो **लुत्फ़** की निगाह
जी खुश तो हो गया मगर आंसू निकल पड़े।

(1.विघ्न, 2. चैन, 3. आँसू, 4. उतार-चढाव, 5.मुहब्बत)

अब इस ग़ज़ल को आप पसन्द करें या न करें खुद मैं अब ऐसी ग़ज़ल नहीं कह सकता लेकिन इसकी यह खूबी है कि इसने लोगों का शक दूर कर दिया और सब ने यह मान लिया कि मैंने जो कुछ अपने नाम से मुशाअरे में सुनाया था वह मेरा ही कहा हुआ था माँगे का उजाला नहीं था। बहराइच में यह ग़ज़ल कहने और मुशाअरे में सुनाने के बाद जब लखनऊ आया तो सब यह समझाया कि अगर संजीदगी से शाइरी करना चाहते हो तो किसी उस्ताद का दामन पकड़ लो। कोई बे उस्ताद शाइर नहीं हो सकता। हो सकता है गोण्डा, बहराइच में जो जाय लेकिन यह लखनऊ है। उस ज़माने में वहाँ दो उस्तादों का सिक्का चल रहा था। हज़रत आरज़ू लखनवी और मौलाना सफ़ी। मैं आरज़ू साहब के मुक़ाबले में सफ़ी साहब को जियादः पसंद करता था हिम्मत करके उनके घर पहुँच गया वह मोलवी गंज में रहते थे। मैंने सूचना भिजवाई। सफ़ी साहब का बड़प्पन देखिये कि उन्होंने बुला लिया। वह एक खुर्री चारपाई पर लुंगी बांधे और बनियान पहने बैठे थे। मैं पहुँचा तो सर उठाकर मेरी तरफ़ देखा और आने की वजह पूछी। मैंने अर्ज़ किया मैं आप से इस्लाह (मार्ग दर्शन) लेना चाहता हूँ। उन्होंने एक बार फिर मुझे ग़ौर से देखा और पूछा कुछ कहा है। मैंने यही ग़ज़ल सुनाई। मौ0 सफ़ी ने एक शे'र पर सिर हिला दिया और एक शे'र दुबारा पढ़वाया और दाद दी। ज़ाहिर है यह मेरे लिए बहुत था फिर उन्होंने पूछा तुम्हारी उम्र क्या है मैंने पंजों के बल खड़े होकर अपना कद ऊँचा करे कहा ग्यारह बरस। यह सुनकर वह मुस्कुराये; उन्होंने कहा मेरी शाइरी की उम्र 65 वर्ष की है। अगर तुम्हारे कलाम में ज़बान की कमी हो तो मैं उसे ज़रूर ठीक कर सकता हूँ लेकिन ऐसा करने से तुम्हारे फ़िक्र (सोच) की गर्मी भी चली जायेगी। ग्यारह बरस के सीने में जो गर्मी होती है वह 65 वर्ष के सीने में नहीं हो सकती तुम एक ख़ास अक़ीदत से मेरे पास इस्लाह के लिए आये हो लेकिन इस्लाह के बाद जब जाओगे

तो कुढ़ते हुए जाओगे कि मेरी ग़ज़ल खराब कर दी। मेरी राय यह है अगर वाह-वाह से गुमराह न हो तो लिखते रहो और पढ़ते रहो शे'र की कमियाँ सूखे पत्तों की तरह गिरती चली जायेंगी और ख़ूबियाँ नई कोपलों की तरह फूटती रहेंगी। इस राय की रोशनी में मैंने अपना अदबी सफ़र (साहित्यिक यात्रा) शुरू किया जो अभी तक जारी है। मेरी नज़्मों और ग़ज़लों के चार संग्रह प्रकाशित हो चुके हैं :

1. झंकार
2. आख़िर-ए-शब
3. आवारा सिज्दे
4. इब्लीस की मज्लिस-ए-शूरा (दूसरा इज्लास)

''आवारा सिज्दे'' की तारीफ़ कई ख़ेमों में कई तरह से हुई। दिल्ली में कोई नूरहेवली साहब हैं उन्होंने और शाही इमाम ने ''आवारा सिज्दे'' के ख़िलाफ संघर्ष छेड़ दिया। किताब ज़ब्त करने और मुझे जेल में डालने की मांग की गयी। ''रहबर-दखिन'' और ''सियासत जदीद'' कानपुर ने भी अपनी बातों का बेशर्मी से प्रदर्शन किया। उत्तर प्रदेश उर्दू अकादमी ने उसको उस साल की सबसे बेहतर किताब माना और अपना पहला एवार्ड दिया। इसी किताब पर मुझे '''सोवियत लैण्ड नेहरू'' एवार्ड भी मिला। ''आवारा सिज्दे'' पर मुझे साहित्य अकादमी ने भी एक विशेष इनाम दिया। मेरी पूरी सहित्यिक सेवा पर मुझे लोटस एवार्ड भी मिला। यह एवार्ड अफ़्रो-एशियन राइटर्स कमेटी की अन्तरराष्ट्रीय ज्यूरी देती हैं। मैंने अब तक यह एहतियात (ध्यान) की थी कि जो नज़्म किसी एक किताब में आजाए वह दूसरे संग्रह में संग्रहित न हो। इससे नुक़्सान यह हुआ कि कई महत्वपूर्ण नज़्में लोगों तक नहीं पहुँचीं। इसलिए ''सरमाया'' में ''झंकार'' ''आख़िर-ए-शब'' और ''आवारा सिज्दे'' की ज्यादातर नज़्में जमा कर दी गयी हैं अब भी मेरी बहुत सी नज़्में और ग़ज़लें इधर-उधर बिखरी हुई मिल जायेंगी। उनको ढूंढ़ करके इस संग्रह में शामिल कर देता तो इसके पृष्ट बढ़ जाते लेकिन शायद मान-मर्यादा में कोई वृद्धि न होती।

इस संग्रह के प्रकाशन पर मुझे जिन दोस्तों का शुक्रिया अदा करना है उनमें

1. हिमालयाई मनुष्य मक़्बूल फ़िदा हुसैन की है जिन्होंने संग्रह का मुख पृष्ट बनाया और मेरा चेहरा भी, जिसको देखकर पहली बार मुझे ज़िस्म अच्छा लगा।

2. डा0 सादिक़ ने इस संग्रह के कम्पाइलेशन में बहुत हिस्सा लिया। मैं उनका शुक्रगुज़ार हूँ। डा0 सादिक़ से जब-जब मिला हूँ मैंने मन ही मन यह मिस्रा' दोहराया हैं-आँ चे खूबाँ हमा दारन्द तू तन्हा दारी। उनकी मशहूर किताब ''तरक़्क़ी पसन्द अफ़साना'' पढ़कर तरक़्क़ी पसंदी पर मेरा विश्वास और बढ़ गया।

3. इस किताब के कम्पाइलेशन में सलीमा हाशमी का भी हिस्सा है उनका शुक्रिया तो अदा नहीं करता हूँ हाँ ढेरों प्यार भेजता हूँ।

4. जैसी यह किताब है ऐसी किताब के लिए दोस्त बहुत से माँग कर रहे थे लेकिन

तीन-चार संग्रहों की नज़्मों और ग़ज़लों की नक़ल करने के लिए किसी फ़र्हाद की ज़रूरत थी जो वे सुतून काट के जूए शीर ला सके। यह फ़र्हाद मुझे अपने ही गाँव के पड़ोस या'नी सराय मीर में मिल गया। यह हैं नौजवान होनहार शाइर रशीद अन्सारी सल्लामहू जिनकी दाढ़ी देखकर मैं हमेशा इस उलझन में पड़ जाता हूँ कि वह असली है या विग है। बहुत-सी दुआओं के साथ उनका शुक्रिया अदा करता हूँ।

किताब का नाम

5. मैंने और मेरी बीवी ने अपनी मिली जुली कोशिश से सिर्फ दो ही बच्चे पैदा किये। बच्चे पैदाकर लिये लेकिन नाम रखने की दक्षता मुझमें थी न मेरी बीबी में। बेटी लगभग ग्यारह बरस की हो गयी तब तक हम मियां-बीबी उसको सिर्फ मुन्नी कहते रहे। एक दिन सरदार जा'फ़री ने हम दोनों को डांटा कि यह मुन्नी-मुन्नी क्या करते रहते हो। कोई ढंग का नाम रखो। शौकत ने जा'फ़री साहब से कहा आप ही कोई नाम बताईये। जा'फ़री साहब ने बहुत से नाम बताये। उनमें से हम सबने "शबाना" पसन्द किया और इस तरह मुन्नी शबाना बन गयी। उसके बाद हम मियां बीवी बेटे के नाम के लिए परेशान हुए उसकी "आया" उसको बाबा कहती थी हम भी यही कहते थे। एक दिन मेरे एक नौजवान दोस्त मसूद सिद्दीक़ी जो अरबी के प्रोफ़ेसर थे और इस वक़्त सऊदिया में अरबी पढ़ा रहे हैं उन्होंने बाबा को अह्मर आज़मी बना दिया, हमने इसके बाद कोई बच्चा पैदा नहीं किया कि फिर नाम रखना पड़ेगा। इतनी ही परेशानी इस किताब के नाम की थी चूँकि मुझे अपने ज्ञान का पता था इसलिए मैंने हिन्दुस्तान और पाकिस्तान के दोस्तों साहित्यकारों से फ़र्माइश कर रखी थी कि मेरी नई किताब के लिए कोई नाम बता दीजिए। मेरी यह मुश्किल मेरे नौजवान दोस्त और साथी हसन कमाल ने आसान कर दी और कहा की इस संग्रह का नाम "सरमाया" होना चाहिए। मैं हसल कमाल का शुक्र गुज़ार हूँ।

6. आख़िर में उसका शुक्रिया अदा करता हूँ जिसका शुक्रिया सबसे पहले अदा करना चाहिये था। यह हौसलामन्द नौजवान हैं शाहिद माहुली जो खुद एक अच्छी सोच के शाइर भी हैं और अच्छे प्रकाशक भी और मेरे हम वतन भी। मैं उनका शुक्रिया सबके बाद अदा कर रहा हूँ इसकी पूर्ति ऐसे हो सकती है कि आप इन पृष्टों को यहाँ से पढ़ना शुरू कीजिए।

पस-ए-सुख़न

मैंने शाइरी क्यों शुरू की शाइर कैसा बना (अगर आप मुझे शाइर समझते हैं) इसकी रिसर्च के लिए किसी रिसर्चर की जरूरत नहीं। मैंने जिस घर में जन्म लिया उसमें शाइरी रसी बसी हुई थी लेकिन राजनीति में रूचि कैसे पैदा हुई इसको समझना और समझाना मेरे

लिए भी मुश्किल है। मैं जिस गाँव में पैदा हुआ और जहाँ आरंभिक जीवन गुज़रा वहाँ बाहर की हवा भी मुश्किल से आती थी। शहरों में क्या हो रहा है, कांग्रेस क्या कर रही है, मुस्लिम लीग क्या कर रही है इसकी चर्चा भी वहाँ नहीं होती थी। बुजुर्गों से मैंने सुना है कि जब ईस्ट इंडिया कम्पनी ने नील की खेती शुरू करवाई तो हमारे गाँव में भी नील के बीज आये और कारिन्दों के द्वारा मौखिक संदेश भी आया कि जो गेहूँ बोना छोड़ दो नील की खेती करो तो कम्पनी तुम को मालामाल कर देगी। मेरे दादा मरहूम ने जब यह सुना तो गुप्त ढंग से समझाया कि देखो कम्पनी हमारे कारीगरों के अंगूठे काट कर हमारे उद्योग और व्यापार को ठिकाने लगा चुकी है। अब खेती-बीजों को भी नष्ट करना चाहती है। इसलिए चुपके-चुपके इन बीजों को बोने से पहले भून डालो। भुने हुए बीज उग नहीं सकते और जब वह उगेंगे नहीं तो कम्पनी यह समझेगी कि इस गांव की जमीन नील की खेती के लिए ठीक नहीं और हमको मुसीबत से छुटकारा मिल जायेगा। दादा मर्हूम ने स्वयं यही किया। और उनकी सलाह पर कुछ और लोगों ने ऐसा ही किया। जब नील के बीज उगे नहीं तो कम्पनी यह समझने पर मजबूर हो गयी कि इस गांव की ज़मीन अच्छी नहीं है लेकिन कुछ दिनों बाद यह बात मालूम हो गयी कि किसानों ने नील के बीज मीर अता हुसैन के कहने पर भून डाले थे। दादा मर्हूम पर मुक़दमा चला जायदाद ज़ब्त हुई। लेकिन उसके बाद कम्पनी ने हमारे गाँव के लोगों को नील बोने पर मजबूर नहीं किया। दादा मर्हूम ने कम्पनी के ख़िलाफ़ नफ़रत का जो बीज नील के खेतों में बोया गया था वह एक दिन मेरे सीने में फूटा और फूला-फला (विकसित हुआ) मेरी उम्र कोई 9-10 बरस होगी जब मैंने सुना कि हमारी तहसील में एक गोरा कलक्टर आ रहा था। मैंने अपनी उम्र के लड़कों को एकत्र किया। बहनों के काले दुपट्टे चुरा कर फाड़े और काले झण्डे बनाये और चोरी-चोरी तहसील पहुँच गये कि जब वह बन्दर आयेगा तो हम उसको काले झण्डे दिखायेंगे। कलक्टर बहुत देर में आया था, थानेदार जो अब्बा के पास अक्सर आता था उसने हमको देख लिया और मुझे पकड़ के अब्बा के पास लाया, अब्बा किसी ग़ैर के सामने हमको न कभी डाँटते थे न मारते थे लेकिन उन्होंने हमको समझाया बहुत कि अब ऐसा न करना। उन्हीं दिनों की बात है हम जंगल में गिल्ली डंडा खेल रहे थे। मैंने देखा कि एक बबूल के पेड़ में कहीं एक चुट की रूई उड़कर आई और कांटो में फंस गयी है मैंने उँगलियों को काँटों से बचाते हुए वह रूई निकाल ली अब मैं और मेरे साथी आँखें फाड़-फाड़ कर देख रहे और सोच रहे थे कि बबूल रूई कहाँ से आ गई कुछ दूर पर आम के एक छायादार पेड़ के नीचे गाँव का एक बूढ़ा आदमी कंबल बिछाये लेटा सो रहा था। मैं रूई लिए उसके पास पहुँचा और दिखाकर उससे पूछा कि चाचा बबूल के पेड़ में रूई कहाँ से आ गयी। वह उठ बैठा और उसने हमको समझाया कि बाबू जब से महात्मा गांधी ने चरखा कातना शुरू किया है भगवान हर जगह रूई पैदा करने लगा है। मैं सर खुजाने और सोचने लगा कि इनको कैसे मालूम हुआ कि गांधीजी चरखा कातते

हैं। उस वक़्त हिन्दुस्तान ऐसा ही था लेकिन मेरे घर पर राजनीति की छाया नहीं पड़ी। एक बात जिस पर मुझे गर्व है और वर्णनीय भी है कि मेरे घर पर कभी सांप्रदायिकता का भूत नहीं मंडलाया। भाई साहबान जब छुट्टियों में आते तो उनके साथ कांग्रेस और मुस्लिम लीग की खबरें भी आतीं। कभी खाने पर या चाय पर गांधी जी और उनकी बकरी की बात छिड़ती या यह कहानी कि जवाहर लाल नेहरू के कपड़े पेरिस से धुल कर आते है। मेरी इन बातों में रूचि तो बहुत थी लेकिन कोई रोशनी नहीं मिलती थी। जब लखनऊ आया वहाँ स्वराज का आन्दोलन बहुत ज़ोरों पर चल रहा था। मैं प्रभात फेरियों में शामिल हो गया। मुँह अंधेरे किसी प्रभात फेरी में मैं शामिल होता और नज़्में पढ़ता। इस संग्रह में झंकार की जो नज़्में हैं जैसे "उठे देखो वह आंधी आ रही है" यह एक प्रभात फेरी के लिए मैंने कही और उसी में पढ़ी थी। शहरों में सत्याग्रह भी हो रहे थे विदेशी कपड़े दुकान में निकाल-निकाल कर जलाये जा रहे थे। अमीनाबाद में कपड़ों की एक बहुत बड़ी दुकान थी। इसमें विदेशी कपड़ों के थान निकाल कर सड़क पर जलाये जा रहे थे। मैं भी इस दिलचस्प काम में शरीक हो गया। थोड़ी देर में पुलिस आ गयी और हम सब पकड़े गये मैं भी, जब एक हवलदार ने मेरा कंधा पकड़कर मुझे अपनी लारी मे बिठाया तो मैंने देखा कि मेरे मुहल्ले का एक लड़का कुछ दूर साइकिल रोके खड़ा यह तमाशा देख रहा है मैंने पुकार कर उससे कहा कि मेरे घर में बता देना कि मैं जेल जा रहा हूँ। उस वक़्त मुझे ऐसा महसूस हो रहा था कि मैं गांधी जी और जवाहर लाल जी की पंक्ति में शामिल हो गया। नशा उस वक्त उतरा-जब आलमबाग पहुँच कर लारी रुकी और पुलिस ने मुझे और मेरी उम्र के कुछ और लड़कों को उतार कर हलकी-सी हमारी केनिंग की और छोड़ दिया बस अब घर भाग जाओ। मेरा दिल टूट गया, मैं सीधा अमीऩा बाद कांग्रेस के कार्यालय में पहुँचा और मैंने पुलिस की शिकायत की कि मुझे पुलिस जेल नहीं ले गयी अब मैं घर जाकर क्या बताऊँगा। एक बुज़ुर्ग लीडर ने मुझे बहुत तसल्ली दी अभी तुम कम उम्र के हो लेकिन जेल जाने का इतना शौक़ है तो काम करते रहो किसी दिन जेल चले ही जाओगे। मैं आँसू भरे हुए घर लौट आया सोचने लगा कि ऐसा काम करना चाहिए कि ज़रूर ही जेल जाऊँ। हमारे ग्रुप में एक बंगाली नौजवान भी था उसने हमको बम बनाने का तरीक़ा बताया। हमने बम बनाया और तय किया कि वज़ीर गंज थाने पर हम बम फेंकेंगे जिसके इन्सपेक्टर ने हमको छोड़ दिया। अच्छा यह हुआ कि जब बम तय्यार हो गया तो मुझे यह फ़िक्र हुई कि थाने पर फैंकने से पहले यह मालूम कर लेना चाहिए कि बम बना भी है या नहीं। हम लोग गोमती के किनारे शम्शान घाट की तरफ़ गये और वहाँ सन्नाटे में हमने बम का परीक्षण किया तो मालूम हुआ कि वह अनार बन गया (पटाख़ेवाला) मैंने अपने बंगाली दोस्त को ख़ूब गालियां दी, मारपीट भी हुई और उसको अपने ग्रुप से निकाल दिया।

बहुत दिनों तक इसी तरह भटकता रहा।

चलता हूँ थोड़ी दूर हर इक तेज़ रौ के साथ
पहचानता नहीं हूँ अभी राहबर को मैं।

उस वक़्त एक ऐसा रोमान्टिक हादिसः हुआ कि लखनऊ छोड़ कर कानपुर चला गया। वहाँ मज़्दूर सभा के कार्यकर्ताओं का साथ हुआ। वह चोरी-चोरी मुझे कम्युनिस्ट पार्टी का लिटरेचर देने लगे। अब मुझे वह रास्ता मिल गया जिस मैंने जिन्दगी का इतना लंबा सफ़र तय किया है। और फ़ालिज लग जाने के बाद अब तक इसी रास्ते पर चल रहा हूँ। एक दिन इसी रास्ते पर गिरूँगा और सफ़र ख़त्म हो जायेगा मंज़िल पर या मंज़िल के क़रीब।

—कैफ़ी आज़मी

6 नवम्बर, 1989

तुलू-ए-शेर

(इब्तिदाई कलाम झंकार से)

(आरम्भिक)

आवारा नग़्मः

वह शाम थी कितनी मस्त बेखुद जो मुझको बेखुद बना रही थी
इक आग दिल की बुझा रही थी इक आग दिल में लगा रही थी

नफ़्स[1] में हल हो रही थीं पैहम[2] हवा की पुरकैफ़[3] व नर्म लहरें
फ़ज़ा की मस्ती सिमट सिमट कर दिल व नजर में समा रही थी

धुआँ धुआँ था शफ़क़[4] का चेहरा बुझी बुझी थीं सुनहरी किरनें
हर एक शय[5] में थी बेख़ुदी सी हर एक शय सोयी जा रही थी

धनक[6] की रंगीन धारियों पर भी डाल दी थी घटा ने चादर
घटा की चादर में भी मचलती हुई धनक जगमगा रही थी

न शाम थी वह न झुटपुटा था उठी थी इक भाप मयकदा से
जो रंग बन कर बरस रही थी जो ख़ामोशी[7] बनके छा रही थी

उसी लतीफ़[8] और खुनक[9] हवा में उसी जमील[10] और हसीं फ़ज़ा[11] में
खड़ी हुई रहगुज़र[12] पे कोई जवाँ फुसूँ साज़[13] गा रही थी

वह बाँसुरी की लतीफ लहरें लतीफ़ लहरों में उसके नग़्मे
जमाना मस्हूर[14] हो रहा था खुदाई[15] हिचकोले खा रही थी

नज़र में मोसीक़ियत[16] थी लरजाँ[17] मचल रहे नफ़स में नग़मे
शबाब भी गुनगुना रहा था हयात[18] भी गुनगुना रही थी

निगाह नग़्मः, ख़िराम नग़्मः[19], कलाम[20] नग़्मः पयाम[21] नग़्मः
हवा में नग़्मे सिमो[22] रही थी फ़ज़ा में नग़मे घुला रही थी

सलोने होठों की लर्ज़िश[23] में थी पुरफ़िशां रूह मैकदे की[24]
नज़र की सरशारियों[25] में तख़्ईल[26]-ए-सामिरी[27] थरथरा रही थी

1. आत्मा 2. निरंतर 3. मनोहर
4. आकाश की लालिमा 5. वस्तु
6. इन्द्रधनुष जिसमें सात रंग होते हैं
7. ख़ामोश, मौन 8. आनन्दमय 9. हल्की ठंडक 10. सुन्दर 11. वातावरण 12. रास्ता 13. जादूगर
14. जादू के अधीन 15. संसार
16. संगीतमय 17. काँपना 18. जीवन
19. वह चाल जो मटक-मटक कर चली जाए 20. बातचीत 21. संदेश 22. समाहित कर ही थी 23. थरथराना 24. खिलखिलाती 25. मस्ती 26. ध्यान, 27. 'सामिरा' नगर का रहने वाला जादूगर

उसी के जलवे, उसी की पर्तो[28], उसी के नग़्मे, उसी का जादू
उसी की दुनिया बसी हुई थी जिधर वह नज़रें उठा रही थी 28. छाया

दिलों की हालत भी दीदनी[29] थी, रूखों की रंगत भी दीदनी थी
कभी कोई लहर आ रही थी कभी कोई लहर जा रही थी 29.दर्शनीय

अदा में नर्मी, नवा[30] में गर्मी, निगाह में शोख़ी, मिज़ा[31] में जादू 30. आवाज 31. पलक
हर इक को मस्त-ओ-ख़राब करके हर एक पर मुस्कुरा रही थी

कभी नज़र से नज़र मिला कर कभी नजर से नज़र हटा कर
डुबो रही थी, मिटा रही थी, पिला रही थी, छका रही थी

हर इक से बेगाना बन रही थी दिलों को दे दे के नर्म झटके
न मैं किसी की न कोई मेरा यह अजनबियत बता रही थी

लबों में जाँ खिच के आ गयी थी बिगड़ चला था निज़ाम[32]-ए-हस्ती
वह मस्त लहरों में बांसुरी की दिलों को झूला झुली रही थी 32 शारीरिक व्यवस्था

कहीं वही शाम आये "कैफ़ी", में डूब जाँऊ वह गाए "कैफ़ी"
उसी तरह फिर मिटाये "कैफ़ी" कि जिस तरह से मिटा रही थी

बांसुरी का लहरा

न जाने चाँद यह थर्रा रहा है
कि कोई जाम-ए-मय[1] छलका रहा है

ज़मीं आईना[2] होती जा रही है
फ़लक[3] काफ़ूर[4] सा बरसा रहा है

खुपा[5] जाता है कुहरा चाँदनी में
धुआं सीमाबं[6] बनता जा रहा है

शुआऐं[7] क़ैद हैं दाम-ए-हवा[8] में
फ़ज़ा में रंग सा बल खा रहा है

हवाऐं इस तरह इठला रही है
कि रस पोदों का छलका जा रहा है

जहाँ पर इक खमोशी छा रही है
खमोशी पर तरन्नुम[9] छा रहा है

किसी ने बाँसुरी भी लो बजा दी
कोई तुफ़ा[10] क़यामत ढा रहा है

सुकूत-ए-शब[11] का ख्वाब आवार फसाना[12]
सुरों में ज़ज्ब[13] हो जा रहा है

उभरती जाती हैं रह रह के तानें
फ़लक ऊपर को उठता जा रहा है

ख़ला[14] में बस रही हैं मस्त तानें
दिल-ए-अर्ज़-व-समा[15] लहरा रहा है

1. शराब का प्याला
2. दर्पण 3. आकाश
4. कस्तूरी
5. छिपना 6. पारा
7. किरणें 8. हवा का जाल
9. लय बद्ध स्वर
10. विचित्र
11. रात्रि का सन्नाटा
12. स्वप्निल कहानी
13. समाहित
14. आकाश और पृथ्वी का भाग 15. धरती-आकाश

सिमटता है सिकुड़ता है उजाला
महृ-व-अंजुम[16] को ग़श[17] सा आ रहा है

16. चांद-तारा 17. मूर्छा

ज़मी महवर[18] पे धूमी जा रही है
फलक मर्कज़[19] पे झूमा जा रहा है

18. धुरी 19. केन्द्र

सितारे दे रहे हैं ताल पैहम[20]
हर इक ज़र्रा थिरक कर गा रहा है

20. लगातार

हवा में उठ रही हैं ऐसी लहरें
कि खुद नग़मा झकोले खा रहा है

न जाने क्यूँ हर इक मीठी नवा[21] पर
दिल-ए-मह्जूर[22] बैठा जा रहा है

21 सुरीले बोल
22. जुदाई का मारा दिल

किसी की शक्ल फिरती है नज़र में
कोई बिछड़ा हुआ याद आ रहा है

कुहरे का खेत

हव सर्द रात जबकि सफर कर रहा था मैं
रंगीनियों से ज़र्फ़-ए-नज़र[1] भर रहा था मैं

1. नज़र का बर्तन

तेज़ी से जंगलों में उड़ी जा रही थी रेल
ख़्वाबीदा[2] कायनात को चौंका रही थी रेल

2. सोया सोया सा संसारा

मुड़ती, उछलती, कांपती चिंघाड़ती हुई
कुहरे की वह दबीज़ रिदा[3] फाड़ती हुई

3. मोटी चादर

पहियों की गर्दिशों में मचलती थी रागनी
आहन[4] से आग बन के निकलती रागनी

4. लोहा

पहुँची जिधर ज़मीं का कलेजा हिला दिया
दामन में तीरगी[5] के गिरेवाँ बना दिया

5. अंधेरा

झोंके हवा के बर्फ बिछाते थे राह में
जलवे समा रहे थे सिमट कर निगाह में

6. खिला हुआ

छोके से छू गयीं जो कहीं सर्द उंगलियाँ
बिच्छु सा डंक माने लगती थीं खिड़कियाँ

पिछले पहर का नर्म धुधलका था पुरफ़िशां
मायूसियों में जैसे उम्मीदों का कारवाँ[7]

7. दल, ग्रुप

बेनूर[8] हो के डूबने वाला था माहताब[9]
कुहरे में खप गयी थी सितारों की आव-व[10]-ताब

8. प्रकाशहीन 9. चन्द्रमा
10. चमक-चमक

कब्जे से तीरगी[11] के सहर[12] छूटने को थी
मर्शिक़[13] के हाशिये[14] में किरन फूटने को थी

11. अंधेरा 12. मोर
13. पूरब 14. किनारा

कुहरे में था ढके हुए बाग़ों का यह समां[15]
जिस तरह जेर[16]-ए-आब झलकती हों बस्तियाँ

15. दृश्य 16. पानी के नीचे

भीगी हुई जमीं थी नमी सी फिजा में थी
इक किश्त[17]-ए-बर्फ थी कि मुअल्लक़[18] हवा में थी

17. बर्फ का खेत
18. लटकना

जादू के फर्श सहर के सक़फ़[19] व बाम थे
दोश[20]-ए-हवा पे परियों की सीमीं ख़याम[21] थे

19. छत-कोठा
20. कंधा 21. चांदी जैसे टैन्ट (तम्बू)

थी ठंडे ठंडे नूर में खायी हुई निगाह
ढल कर फ़ज़ा में आयी थी हूरों की ख्वाबगाह[22]

22. परियों का शयन कक्ष

बन-बबन के फेन[23] सूये फलक[24] देखता हूँ
दरिया चला था छोड़ के दामन जमीन का

23. झाक 24. आकाश की ओर

इस शबनमी[25] धुंधलके में बगुले थे यूँ खाँ
मौजों[26] पे मस्त होके चली जैसे मछलियाँ

25. ओस 26. लहर

डाला कभी फ़ज़ाओं में खत[27] खो गये कभी
झलके कभी उफ़क़[28] में निहाँ[29] हो गये कभी

27. रेखा 28. आकाश का किनारा 29. छिपना

इंजन से उड़ के कांपता फिरता था यूँ धुआँ
लिया था हर खेत में कोहरे के आसमाँ

उस वक्त क्या था रूह से सदमा न पूछिये
याद आ रहा था किस से बिछड़ना न पूछिये

दिल पे कुछ ऐसे घाव थे तीर-ए-मलाल के
रो-रो दिया था खिड़की से गर्दन निकाल के।।

बरसात की एक रात

यह बरसात, यह मौसम-ए-शादमानी[1]
ख़स[2]वख़ार पर फट पड़ी है जवानी

1. प्रसन्नता 2. घास फूट

भड़कता है रह-रह के सोज़-ए[3]-मुहब्बत
झमांझम बरसता है पुरशोर पानी

3. मुहब्बत की लपट, प्रेमाग्नि

फ़ज़ा[4] झूमती है घटा झूमती है
दरख़्तों को जू[5] बर्क़[6] की चूमती है

4. वातावण 5. किरण 6. बिजली

थिरकते हुए अब्र[7] का ज़ज़्ब[8] देखो
कि दामन उठाये जमीं घूमती है

7. बादल 8. भावना

कड़कती है बिजली चमकती हैं बूँदें
लपकता है कौंदा, दमकती है बूँदें

रग-ए-जां पे रह रह के लगती है हैं चोटें
छमा.छम ख़ला[9] में खनकती है बूँदें

9. धरती-आकाश के बीच का भाग

फ़लक गा रहा है ज़मीं गा रही है
कलेजे में हर लय चुभी जा रही है।

मुझे पाके इस मस्त शब में अकेला
यह रंगी घटा तीर बरसा रही है

चमकता है-बुझता है-थर्रा रहा है
भटकने की जुगनू सज़ा पा रहा है

अभी ज़हन[10] में था यह रोशन तख़य्युल[11]
फ़ज़ा में जो उड़ता चला जा रहा है

10. मस्तिष्क 11. ख़्याल

लचक क़र संभलते हैं जब अब्र पारे[12]
बरसते हैं दामन से दुमदार तारे

12. बादल के टुकड़े

मचलती है रह रह के बादल में बिजली
गुलाबी हुए जा रहे हैं किनारे

फ़ज़ा झूम कर रंग बरसा रही है
हर इक सांस शो'लः[13] बनी जा रही है

13. आग की लपट

कभी इस तरह याद आती नहीं थी
वह जिस तरह इस वक्त याद आ रही है

कोई लुत्फ[14] क्या मंजर-ए-पुर[15] असर दे
कि आँखों पे अश्कों ने डाले हैं पर्दे

14. मजा 15. प्रभावशाली दृश्य

कहीं और जाकर बरस मस्त बादल
खुदा तेरा दामन जवाहर[16] से भर दे।।

16. अत्याधिक मूल्यवान

दोशीज़ः मालिन

लो पौ फटी वह छुप गयी तारों की अंजुमन[1]
लो जाम-ए[2]-मेहर से वह छलकने लगी किरन

1. सभा 2. सूर्य का प्याला

खुपने लगा निगाह में फितरत[3] का बांकपन
जलवे ज़मीं पे बरसे ज़मीं बन गयी दुल्हन

3. प्रकृति

गूँजे तराने सुबह के इक शोर हो गया
आलम[4] तमाम रस में शराबोर[5] हो गया

4. दुनिया 5. डूब जाना

फूली शफ़क़[6] फ़ज़ा में हिना[7] तिलमिला गयी
इक मौज-ए-रंग कांप के आलम पे छा गयी

6. आकाश की लालिमा
7. मेहंदी

कुल चांदनी सिमट के गिलो[8] में समा गयी
ज़र्रे[9] बने नुजूम[10] ज़मीं जगमगा गयी

8. मिट्टी 9. कण
10. तारे

छोड़ा सहर ने तीरगी[11]-ए-शब को काट के
उड़ने लगी हवा में किरन ओस चाट के

11. रात का अंधकार

मचली जबीन[12]-ए-शर्क पे इस तरह मौज[13]-ए-नूर
लहरा के तैरने लगी आलम में बर्क़[14]-ए-तूर

12. पूरब का माथा
13. प्रकाश की लहर
14. बर्फ़ ए तूर

उड़ने लगी शमीय[15] छलकने लगी सुरूर[16]
खिलने लगे शिगूके[17] चहकने लगे तयूर[18]

15. महक 16. मस्ती
17. कली 18. पक्षी

झोंके चले हवा के शजर[19] झूमने लगे
मस्ती में फूल कांटों का मुँह चूमने लगे

19. वृक्ष

थम थम के जूफ़िशाँ[20] हुआ जर्रो पे आफ़ताब[21]
छिड़का हवा ने सब्जा[22]-ए-ख्वाबीदा पर गुलाब

20. प्रकाशवान
21. सूर्य 22. स्थानीय पेड़-पौधे

मुरझायी पत्तियों में मचलने लगा शबाब
लर्ज़िश[23] हुई गुलों में बरसने लगी शराब

23. थराथराहट

रिन्दान[24]-ए-मस्त और भी बदमस्त हो गये
थर्रा के होंट जाम में पेवस्त[25] हो गये

24. मस्त शराबी
25. मिलाप

दोशीज़ा[26] एक ख़ुश क़द व ख़ुश रंग व ख़ूबरू[27]
मालिन की नूर दीदः गुलिस्ताँ की आबरू

26. नौजवान कुआरी लड़की 27. सुन्दर मुख

महका रही है फूलों से दामान-ए-आरज़ू
तिफ़ली[28] लिए है गोद में तूफ़ान-ए-रंग व बू

28. बचपन

रंगीनियों में खेली, गुलों मे पली हुयी
नौ रस कली में क़ौस-ए[29]-क़ज़ह है ढली हुयी

29. इन्द्र धनुष

मस्ती में रूख पे बाल[30]-ए-परीशाँ किये हुए
बादल में शमा-ए-तूर फ़रोज़ाँ[31] किये हुए

30. चेहरे पर बालो की बिखेरना 31. प्रकाश मान

हर सिम्त[32] नक्श[33]-ए-पा से चरागाँ किये हुए
आंचल को बार-ए[34]-गुल से गुलिस्तां किये हुए

32. दिशा
33. पद चिह्न
34. फूलों का बोझ

लहरा रही है बादे सहर[35] पाँव चूम के
फिरती है तीतरी सी ग़ज़ब झूम झूम के

35. सुबह की हवा

जुल्फ़ों में ताब-ए-सुंबुल-ए-पेचां लिये हुये
आरिज़ पे शोख़ रंग-ए-गुलिस्तां लिये हुये

आंखों मे बोलते हुए अरमां लिये हुए
होटों पे आब-ए-लाल-ए-बदख़शाँ लिये हुऐ

फ़ितरत ने तौल तौल के चश्म-ए-क़बूल में
सारा चमन निचोड़ दिया एक फूल में

ऐ हुस्न-ए-बेनियाज़ ख़ुदी से न काम ले
उड़ कर शमीम-ए-गुल कहीं आंचल न थाम ले

कलियों का ले पयाम गुलों का सलाम ले
कैफ़ी से हुस्न-ए-दोस्त का ताज़ः कलाम ले

शाइर का दिल है मुफ़्त में क्यों दर्दमन्द हो
इक गुल इधर भी नज़्म अगर यह पसन्द हो।।

शाम

मस्त घटा मंडलायी हुयी है
बाग़ पे मस्ती छायी हुयी है

झूम़ रही हैं आम की शाख़ें
नींद सी जैसे आयी हुयी है

बोलता है रह-रह के पपीहा
बर्क़ सी इक लहरायी हुई है

लहके हुए हैं फूल शफ़क़ के
आतिश-ए-तर छलकाई हुई है

शे'र मेरे बन बन के हुवैदा[1]
क़ौस की हर अंगड़ाई हुई है

रेंगते हैं ख़ामोश तराने
मौज-ए-हवा बल खाई हुई है

रौनक़-ए-आलम सर है झुकाए
जैसे दुल्हन शर्माई हुई है

घास पे गुमसुम बैठा है "कैफ़ी"
याद किसी की आई हुई है।।

1 ज़ाहिर, प्रकट

2. धनुष

मिन्नतें

पैकर-ए-शाइरी न जा, रूह-ए-मुसव्विरी न जा
तुझ से फ़रोग़-ए-नग़मगी, ऐ हमः नग़मगी न जा

तेरा ही अक्स हुस्न है यह मेरे घर की चाँदनी
ऐ मेरे घर की चांदनी लेके यह चाँदनी न जा

तूने अभी कहा था खुद तुम हो मुझे बहुत अज़ीज़
हाँ मैं अज़ीज हूँ तुझे रख ले मिरी खुशी न जा

शाम-ए-तरब थी बेवफ़ा सुबह से बढ़के मिल गयी
सुबह है हम पे ख़ंदः ज़न[1] ख़ैर ठहर अभी न जा

1. हंसी उड़ानेवाला

दीदः-ए-नीम बाज़ में ख़्वाब-ए-जवाँ है लालःकार
नींद पकड़ रही है पांव नींद में झूमती न जा

उफ़ यह नफ़स की ख़स्तगी, उफ़ यह थका सा जी
ऊँघ रही हैं मस्तियाँ चूर है ज़िन्दगी न जा

देख यह शबनमी बहार, सुन यह खमोश भैरवीं
ऐसी लतीफ़ सुब्ह को छोड़ के बावली न जा

ढालके ज़र्फ-ए-शे'र में बास के इत्र-ए-जौक़ में
तुझपे अभी लुटाऊँगा दहर की सरखुशी न जा

होंट तिरे लरज़ गये रूख पे शफ़क़ बरस पड़ी
अब यह ज़िदें फुजूल हैं छोड़ के अब चली न जा।।

सवेरे-सवेरे

न पूछो वह किस तरह आ सिधारी
मेरी सारी हस्ती पे छाकर सिधारी

वह पिछला पहर वह जुदाई का लम्हः
सवेरे-सवेरे रूला कर सिधारी

ख़रामां ख़रामां, पशेमां पशेमां
खुद अपने से भी छिप छिपाकर सिधारी

समेटे गई चांदनी बाम व दर से
सहर को शब-ए-ग़म बनाकर सिधारी

वह पलकों की मस्ती वह नज़रों की मस्ती
उन्हीं मस्तियों में नहा कर सिधारी

निकल जाये जिस तरह गुंचे से खुशबू
यूँ ही मेरा पहलू बसा कर सिधारी

महकती हुई शब के रंगीं फ़साने
परीशाँ लड़ी में छिपा कर सिधारी

थकी सी वह अंगड़ाईयाँ वह जम्हाई
संभल कर उठी लड़खड़ा कर सिधारी

वह छलकी हुई सर्द होटों की लाली
गुलाबी-गुलाबी पिला कर सिधारी

अभी तक मिरी उंगलिया कांपती हैं
कुछ इस तरह दामन छुड़ाकर सिधारी

नज़र उठ ही जाती है उस सिम्त अक्सर
जिधर वह निगाहें झुका कर सिधारी।।

शबाब

हर जुंबिश-ए-चश्म वालिहानः
हर मौज-ए-निगाह साहिरानः
अल्लाह रे शबाब का ज़मानः

अपनी ही अदा पे आप सदक़े
अपनी ही नजर का खुद निशानः
अल्लाह रे शबाब का ज़मानः

अपने ही से आप महवे तमकीं
अपने ही से खुद फ़रेब खाना
अल्लाह रे शबाब का ज़मानः

यह ज़ौक़-ए-नज़र यह बद गुमानी
चिलमन के क़रीब छिप कर आना
अल्लाह रे शबाब का ज़मानः

पलकों में यह बेक़रार वादा
चितवन में यह मुतमइन बहानः
अल्लाह रे शबाब का ज़मानः

यह बचके बचाके मश्क़-ए-ग़म्ज़ः
यह सोच समझ के मुस्कुराना
अल्लाह रे शबाब का ज़मानः

इस तरह संभल सकेगी कब तक
एक-एक क़दम पे लड़खड़ाना
अल्लाह रे शबाब का ज़मानः

माथे पे ये सन्दलीं तबस्सुम
होटों पे ये शक्करीं तरानः
अल्लाह रे शबाब का ज़मानः

चेहरे की दमक फ़रोग-ए-ईमाँ
जुल्फों की गिरफ्त काफ़िरानः
अल्लाह रे शबाब का ज़मानः

एहसास में शबनमी लताफत
अन्फ़ास में सोज़-ए-शायरानः
अल्लाह रे शबाब का ज़मानः

मर्कूम जबीन-ए- वेखुदी पर
ऐसे में मुहाल है जगाना
अल्लाह रे शबाब का ज़मानः

मफ़हूम शिआर ख़ुद परस्ती
मा'लूम नहीं है रहम खाना
अल्लाह रे शबाब का ज़मानः

शोख़ी की नज़र तहक्कुम आ गईं
इश्वाओं का मिज़ाज खुसर-वानः

हाथों के करीब माह व अंजुम
कदमों के तले शराब ख़ानः
अल्लाह रे शबाब का ज़मानः

आईने में गाड़ कर निगाहें
बे क़स्छ किसी का गुनगुनाना
अल्लाह रे शबाब का ज़मानः

मा'ज़िरत

ये बिखरे से गेसू यह आँखों में लाली
क़यामत है तेरी यह आशुफ्ता हाली

यह रोई हुई भीगी भीगी सी आंखें
और आंखों में यह नर्म डोरे गुलाली

शिकस्तः शिकस्तः यह रंग-ए-मसर्रत
चकीदः-चकीदः यह अश्क-ए-ज़ुलाली

परीदः-परीदः यह चेहरे की रंगत
रमीदः-रमीदः यह रूख की बहाली

लब-ए-लाल यह मुर्तइश-मुर्तइश से
यह कुछ सिमटी सिमटी सी होंटों की लाली

यह कुछ बहकी-बहकी सी सफ़्फ़ाक नज़रें
यह कुछ सहमी-सहमी सी फ़रखन्दा हाली

यह कुछ उलझे उलझे परीशाँ तख़य्युल
यह कुछ भटकी-भटकी सी रोशन ख़याली

यह कुछ रूठे-रूठे से मासूम जज़्बे
न शोखी न इश्वे न शीरीं मकाली

मेरे हसब-ए-वादा न आने से शायद
हुई तेरे अर्मान की पाएमाली

बस अब हंस दे मत कर ज़्यादा पशेमाँ
कि आख़िर हूँ इक शाइर-ए-ला उबाली।।

पहला सलाम

उठती झुकती निगाहों में कोई पयाम
कैसे भूलूं किसी का वह पहला सलाम

फूल रूखसार के रसमसाने लगे
हाथ उट्ठा कदम लड़खड़ाने लगे

रंग से खल-व-खद से झलकने लगा
सर से रंगीन आंचल ढलकने लगा

अजनबियत निगाहें चुराने लगी
दिल धड़कने लगा लहर आने गई

सांस में इक गुलाबी गिरह पड़ गई
होंट थर्राये सिमटे नज़र गड़ गई

रह गया उम्र भर के लिए यह हिजाब
क्यों न संभला हुआ दे सका मैं जवाब

क्यूँ मैं वेक़स्द व बे अज़्म व वेवास्ता
दूसरी सम्त घबरा के तकने लगा।।

तसादुम

दो निगाहों का अचानक वह तसादुम मत पूछ
ठेस लगते ही उड़ा इश्क़ शरारा बनकर

उड़के पहले उन्हीं झेंपी हुई नज़रों में रूका
नर्म, मासूम, हसीं, मस्त इशारा बनकर

फिर निगह से अर्क़ आलूद ज़बीं पर झलका
पंखुड़ी, फूल, गोहर, लाल सितारा बनकर

ढल के माथे से उतर आया गुल आरिज़ में
रंग, रस, शहद नहीं उनसे भी प्यारा बन कर

गुल आरिज़ से सिमट आया लब-ए-रंगी में
रा, मय, लहर, हंसी, बर्फ का धारा बनकर

लब-ए-गुलरंग से फिर रेंग गया बाहों में
लोच, ख़म, ज़ज़्ब, मचलता हुआ पर बन कर

बस के बाहों की गुदाज़ी में चला दिल की तरफ
चाह, अल्ताफ़, करम, प्यार मदारा बन कर

दिल में डूबा था कि बस फूट पडा रग रग से
जान-ए-दिल, जान-ए-नज़र, जान-ए-नजारा बनकर

पैकर-ए-हुस्न से फिर उड़के चला मेरी तरफ़
एक बदमस्त जवानी का उतारा बनकर

रहज़न-ए-होश मगर होश का पैगाम लिये
दुश्मन-ए-ज़ब्त मगर ज़ब्त का यारा बनकर

दर्द ही दर्द मगर वजह-ए-सुकूँ वजह-ए-तरब
सोज़ ही सोज़ मगर जान से प्यारा बन कर

आते ही छा गया खोई हुई हस्ती मे मेरी
मेरी खोई हुई हस्ती का सहारा बनकर

अब शरारः वही उसके लब-व-रूखसार में है
और "कैफ़ी" मेरे तपते हुए अश्आार में है।।

इख़्फ़ा-ए-मुहब्बत

तुम मुहब्बत को छिपाती क्यों हो?
हाय यह जब्र की सूरत जीना
मुँह बनाये हुए अमृत पीना
काँपती रूह धड़कता सीना
प्यार को जुर्म बनाती क्यों हो?
तुम मुहब्बत को छिपाती क्यों हों?
दिल भी है दिल में तमन्ना भी है
कुछ जवानी का तक़ाजा भी है
तुमको अपने पे भरोसा भी है
झेंप कर आंख मिलाती क्यों हों?
तुम मुहब्बत को छिपाती क्यों?
उनको हंसने दो जो इन्सान नहीं
जिनको कुछ इश्क़ का इरफान नहीं
संगज़ारों में ज़रा जान नहीं
आंख ऐसों की बचाती क्यों हों?
तुम मुहब्बत को छिपाती क्यों हो?
जुल्म तुमने कोई ढाया तो नहीं
इब्न-ए-आदम को सताया तो नहीं
खूँ गरीबों का बहाया तो नहीं
यूँ पसीने में नहाती क्यों हो?
तुम मुहब्बत को छिपाती क्या हो?
झेंपते तो नहीं मन्दिर के मकीं
झेंपते तो नहीं मेहराब नशीं
झूट पर उनकी चमकती है जबीं
सच पे तुम सर को झुकाती क्यों हो?
तुम मुहब्बत को छिपाती क्यों हो?
पर्दा है दाग़ छिपाने के लिए
शर्म है झूट पे छाने के लिए
इश्क़ इक गीत है गाने के लिए

उसको होंटों मे दबाती क्यों हों?
तुम मुहब्बत को छिपाती क्यों हों?
आओ अब घटने की फुर्सत ही नहीं
और भी काम है उलफ़त ही नहीं
है यह ख़ामी नदामत ही नहीं
डर के चिलमन को उठाती क्यों हो?
तुम मुहब्बत को छिपाती क्यों हो?

माहौल

तबीअत जबरिया तस्कीन से घबराई जाती है
हसूँ कैसे हंसी कमबख़्त तो मुरझाई जाती है

बहुत चमका रहा हूँ खाल-व-ख़द को सइ-ए-रगीं से
मगर पज़मुर्दग्री सी ख़ाल-व-ख़द पर छायी जाती है

उम्मीदों का उजाला खूब बरसा शीश-ए-दिल पर
मगर जो गर्द थी तह में वह तक पाई जाती है

जवानी छेड़ती है लाख ख़्वाबीदः तमन्ना को
तमन्ना है कि उसको नींद ही सी आई जाती है

मुहब्बत की निगूँ सारी से दिल डूबा सा रहता है
मुहब्बत दिल के इज़्म हलाल से शर्माई जाती है

फ़ज़ा का सोग उतरा आ रहा है जर्फ-ए-हस्ती में
निगाहे शौक़ रूह-ए-आरजू कजलाई जाती है

यह रंग-ए-मय नहीं साक़ी झलक है खूँ शुदादिल की
जो इक धुंधली सी सुर्खी अंखड़ियों में पायी जाती है।।

दस्तूर-ए-बख़्शिश

लबालब हैं कहीं साग़र कहीं खाली प्याले हैं
यह कैसा दौर है साक़ी यह क्या तक़सीम है साक़ी

नहीं पहचानता तेवर अभी तश्नःकामों के
तिरा दस्तूर-ए-बख़्शिश लाइक़-ए-तर्मीम है साक़ी

जेल के दर पर

इक मुजस्सम जुरअत व ग़ैरत सरापा इन्क़लाब
खा रहा था जेल के दर पर हजारों पेच व ताब

आंख में खून-ए-बगावत क़ल्ब में हुब्ब-ए-वतन
आग तीखी चितवनों मे अंखड़ियों में बाँक पन

तपती सांसों में शररपारे झकोले अधियाँ
तिलमिलाती तेवरियों में थरथराती बिजलिया

खुद सरापा अपने हर मोहकम इरादे का सबूत
हिन्द की पूँजी, वतन लाज, भारत .का सपूत

चोट सी लगती थी दिल पर कैदियों को देख कर
वे इरादा तोड़े देता था सलाखों की कमर

दर से लड़ती थीं उमंगें यूँ दिल-ए-बेताब की
जिस तरह बंधे से टकराती हो रू सैलाब की

फ़ील पैकर सन्तरी फिरते थे बल खाते हुए
साज़ जूतों के गुलामी के थे धुन गाते हुए

पास ही दर सके खड़ी थी इक ज़ईफ़ः बदहवास
जेल में फ़रज़न्द, पहलू में बहू, चेहरा उदास

देखती थी गह पिसर को गाह सूपे आसमाँ
फर्त-ए-ग़म से थरथराती थी बदन की झुर्रियाँ

कह रही थी नज़रों नज़रों में कलेजा थामकर
ऐ मेरी गाढ़ी कमाई ऐ मेरे प्यारे पिसर

तू तो बचपन ही का जिद्दी है यह माँ तुझ पर फ़िदा
पहले कब सुनता था मानेगा जो, अब कहना मेरा

राह पर लाऊँ तुझे किस तरह किस तदबीर से
ना समझ नादान लड़ना छोड़ दे तक़दीर से

यह नहीं कहती कि दे अपनी ज़ईफ़ः माँ का साथ
बेहमीयत ग़ैर की लड़की का क्यों पकड़ा था हाथ

इक नज़र लिल्लाह इसकी बेजुबानी देख ले
हौसलों की रूउमंगों की जवानी देख ले

शर्म व उल्फ़त में घुटी जाती है है मौजे नफ़स
अश्क बनकर नरगिसी आंखों में खिंच आया है रस

ब्याह के लाया था इसको दुःख उठाने के लिए
हाय यह आंखे न थी आंसू बहाने के लिए

वह उधर गर्म-ए-तकल्लुम था अजब अन्दाज में
हुर्रियत लौ दे रही थी शोल-ए-आवाज में

कह रहा था मुज़महिल चेहरे पे नज़रें गाड़कर
ऐ मेरी माँ, ऐ मेरा गमख़्वार नौहःगर

मेरे दिल की आग यह आंसू बुझा सकते नहीं
चन्द क़तरे बिफ़रे तूफ़ां को दबा सकते नहीं

आह जिसे पर बोझ दे देता हो फूलों का भी हार
किस तरह देखूँ कनीज़ी का इसी गर्दन पे बार

औरतें दुनिया की ही मसरूफ़-ए-तज़य्युन-ए-दवाम
और हमारी औरतों का फ़र्ज वह ढालें गुलाम

अपने बादल उठके किश्त-ए-गैर पर बरसा करें
हम भिखारी क़तरे क़तरे के लिए तरसा करें

कुछ खबर है रो रही है मादर-ए-हिन्दोस्ताँ
डगमगाती है ज़मीं थर्रा रहा है आसमाँ

जुल्म-व-इस्तब्दाद के छाये हैं बादल चार सू
हल किया जाता है सिक्कों में गरीबों का लहू

बेकसों की आह भी अहल-ए-दुवल सुनते नहीं
गुल के बन्दे बाग़ से कांटे कभी चुनते नहीं

दे रहा है दम बदम हमको सदा हिन्दोस्ताँ
बन नहीं सकती हैं अब क़दमों का लंगर बेड़ियाँ

कांपता है चर्ख़-ए-फ़िलः साज़ हिलती है ज़मीं
हिन्द के भूखों ने उल्टी है गरज कर आस्तीं

मिल नहीं सकती वतन में अब गुलामी को पनाह
ख़ार व ख़स भी बिजलियों पर गर्म करते हैं निगाह

आस्तने जब्र पर अब जब्हःसाई हो चुकी
अह्रमन सीरत ख़ुदाओं की खुदाई हो चुकी

दफ़्अतन पैदा हुआ कुछ क़ैदियों में ख़ल्फ़िशार
आ गया बीवी को उस तपते हुए लहजें पे प्यार

दौड़ कर डाला गले में हार फिर शर्मा गई
मादर-ए-हिन्दोस्ताँ के रूख पे सुर्ख़ी छा गई

कह उठा "कैफ़ी" हर इक ज़र्रः बसद क़ह्र व अताब
इन्क़लाब व इन्क़लाब व इन्क़लाब व इन्क़लाब

आवाज़ की शिकस्त

सिपाही
एक आवाज़

मन्ज़र

यह तारीक जादा, यह पुर होल जंगल
जलाई है ग़ोल-ए-बयावाँ ने मश्अल
दरख़्तों के नीचे है वहशत का डेरा
हवाओं में हल हो रहा है अंधेरा
अंधेरे में एहसास यह भी नहीं है
ज़मीं पर फ़लक या फ़लक पर ज़मीं है
भयानक ख़मोशी के अल्लाह रे तेवर
कि बजते हैं कान आप अपनी सदा पर
लिए वलवलः जंग का सर झुकाए
चला जा रहा हूँ क़दम का बढ़ाये
वतन के लिए जाँ गँवाने चला हूँ
निशान-ए-गुलामी मिटाने चला हूँ
कड़ी झेल लूंगा मसाइब सहूँगा
रहूँगा तो आज़ाद होकर रहूँगा
वतन के लिए सबको छोड़ा है मैंने
कई आबगीनों को तोड़ा है मैंने
जो इक हूर-ए-अर्ज़ी है मेरी नज़र में
सिसकता उसे छोड़ आया हूँ घर में
गवारा है उसकी भी मुझको जुदाई
अरे किस तरफ़ से यह आवाज़ आई
मैं जाने न दूँगी मैं जाने न दूँगी
मताअ'-ए-जवानी लुटाने न दूँगी
मुझे साथ ले लो तो घर से जुदा हो
मैं तुम पर मिटूँ तुम वतन पर फ़िदा हो
मगर इस तरह जा गंवाने न दूँगी
मैं जाने न दूँगी मैं जाने न दूँगी

सिपाही— यह लहजा तो जैसे मैं पहचानता हूँ
उसी की यह आवाज़ है जानता हूँ
तो क्या वाक़ई यह वही गा रही है
मेरे साथ रोती चली आ रही है
बहुत दूर मैं आ चुका छोड़कर घर
यहाँ तक सदा उसकी आयेगी क्यों कर
कोई और शायद यह अंदोहगीं हैं
मगर क्यों मेरा पांव उठता नहीं है
मेरी आस्तीं में नमी है यह कैसी
लिपट कर कहीं वह तो रोई नहीं थी
मगर कुछ भी हो अब मैं रूकता नहीं हूँ
कि बारे-ए-गुलामी से अनदोहगीं हूँ
सुलगता है किस तरह सीना न पूछो
न पूछो गुलामी का जीना न पूछो
नफ़स सर्द है नब्ज़ ज़ार-व-हज़ी है
यह जीने की ज़िल्लत है जीना नहीं है
मैं इस जिन्दगी को मिटा कर रहूँगा
गुलामी की दीवार ढा कर रहूँगा
चढाऊँगा पौदों पे ख़न्जर का पानी
खस-व-ख़ार को बख्श दूँगा जवानी
मिटा दूगा बन्दों का ज़ो'म-ए-खुदाई
सुनो फिर कहीं से वह आवाज़ आई

आवाज़— मैं जाने न दूँगी मैं जाने न दूँगी
तुम्हें अपने खूं में नहाने न दूँगी
क़दम अब तुम बढ़ाओ तो जानूँ
किसी तरह दामन छुड़ाओ तो जानूँ
किसी तरह दामन छुड़ाने न दूँगी
मैं जाने न दूँगी मैं जाने न दूँगी

सिपाही— तबीअत उलझती है घबरा रही है
धड़कता है दिल नब्ज़ थर्रा रही है

इरादों का चकरा रहा है सफ़ीना
टपकने लगा है जबीं से पसीना
उसी की यह धुन है वही गा रही है
मेरे साथ रोती चली आ रही है
मगर वह तो कमज़ोर इतनी नहीं है
कोई और शायद वह ज़ार-व-हज़ीं है
किसी ओर से यह बिछड़ता है कोई
तड़पके जो दामन पकड़ता है कोई
बड़ा सख़्त होता है यह मर्हलः भी
कि उस वक्त हिलता है अर्श-ए-खुदा भी
यही वक़्त है दर्द-ए-बेइंतिहा का
यही वक़्त है इम्तिहान-ए-वफ़ा का
मगर इसको रोकेंगी कैसी वफाएं
जिसे वक़्त खुद दे रहा हो सदाएं
जो मेरी तरह जां गवाने चला हो
जो अर्श-ए-गुलामी को ढाने चला हो
नहीं उसको कहते नहीं बेवफ़ाई
मगर फिर कहीं से वह आवाज़ आई

आवाज़– मैं जाने न दूँगी मैं जाने न दूँगी
जुदाई को नज़दीक आने न दूँगी
बड़े चाह वाले बड़े प्यार वाले
मुझे कर चले सोज़-ए-जाँ के हवाले
नहीं आग दिल में लगाने न दूँगी
मैं जाने न दूँगी मैं जाने न दूँगी

सिपाही– इलाही इलाही यह क्या माजरा है
यह किसकी ज़िदें है यह कैसी सदा है
यह दामन से लिपटी है किसी की दुहाई
कि थर्रा रहा हे वतन का फ़िदाई
किसी ओर की यह सदा आ रही है
कि खुद मेरी कमजोरी बहका रही है

यह क्या ख़ामियाँ अपने ही अज़्म की है
जो आवाज़ बनकर मुझे रोकती हैं
परख लूँ हक़ीक़त परख लूँ ठहर के
उफ़ुक़ पर मगर पड़ चुके ख़त सहर के
इसी कशमकश में न हो जाय तड़का
वह लो शोला-ए-जंग मैदाँ में भड़का
उमंगे अब एहसास को रौंदती हैं
रंगों में मेरी बिजलियाँ कौंदती हैं
ग़रूर-ए-जुनूँ के इशारों पे चलके
करीब आ गया लो मैं दश्त-ए-अमल के
नज़र अब है बर्छी नफ़स अब है भाला
जवानी-जवानी तेरा बोल बाला

आँधी

उठो देखो वह आँधी आ रही है
उफ़ुक़ पर बर्फ़ सी लहरा रही है
क़यामत हर तरफ मंडला रही है
ज़मीं हिचकोले पैहम खा रही है
उठो देखो वह आँधी आ रही है

मचलती, झूमती, हलचल मचाती
तडफती, शोर करती, दिल हिलाती
गरजती, चीख़ती, फ़ित्ने उठाती
क़यामत को जगाकर ला रही है
उठो देखो वह आँधी आ रही है

फ़िज़ा में आतिशीं पर्चम उड़ाती
जमीं पर आग के धारे गिराती
शरारे रोलती शोले बिछाती
सुनहरी रोशनी फैला रही है
उठो देखो वह आँधी आ रही है

भड़कती आतिश-ए-सोज़ाँ की सूरत
लपकती शोलः-ए-बर्रा की सूरत
उबलती वहर-ए बेपायाँ की सूरत
उबलकर सर पे आई जा रही है
उठो देखो वह आँधी आ रही है

फ़िज़ा कुल जंग का मैदां बनी है
हवा बिफरा हुआ तूफ़ां बनी है
ज़मीं गहवारा-ए-जुंबां बनी है
फ़लक से ख़ाक सर टकरा रही है
उठो देखो वह आँधी आ रही है

वढ़ी आती है तामीरी तबाही
झुकी पड़ती है नूर अफ़ज़ा सियाही
झकोले खा रहा है कस्र-ए-शाही
बला जंजीर-ए-दर खड़का रही है
उठो देखो वह आँधी आ रही है

हटा रखे है पहरे बेकसी ने
खज़ानों के फटे जाते है सीने
जमीं दहली उभर आये दफ़ीने
दफ़ीनों को हवा ठुकरा रही है
उठो देखो वह आँधी आ रही है

निशानात-ए-सितम थर्रा रहे हैं
हुकूमत के अलम थर्रा रहे हैं
गुलामी के क़दम थर्रा रहे हैं
गुलाम अब वतन से जा रही है
उठो देखो वह आँधी आ रही है

सर की मौत और वसीयत

वह रूपहली रात वह छलके हुए सीमीं अयाग़
जगमगाते थे हवा में लाखों हीरे के चराग़
रंग बन कर उड़ रही थी ठन्डी ठन्डी रौशनी
नर्म पौदे सांस लेकर पी रहे थे चाँदनी
इस तरफ़ नाज़ां फ़िज़ा थी अपने साज-व-बर्ग पर
उस तरफ कोई तड़पता था बिसात-ए-मर्ग पर
ले लिया था मौत ने क़ब्ज़े में बाग़-ए-ज़िन्दगी
आंधियों की ज़द में लरज़ां था चराग-ए-ज़िन्दगी
पैकर-ए-खाकी में इक शोर-ए-विदा-ए-रूह था
हिचकियों की ज़र्ब से जाम-ए-बक़ा मजरूह था
अलअमां वह उलझनें, वह जाँकनी, वह ख़ल्फ़िशार
दोश पर सर का तो सर पर था ख़िताबी सर का बार
डूबती जाती थी दिल के साथ नब्ज़-ए-आरज़ू
डाक्टर बालीं पे थे हैरान नर्सें रूबरू
सफ़ ब सफ़ आकर खड़े थे इस तरह सब खैर ख़्वाह
रोक रक्खी थी बज़ाहिर मौत के आने की राह
जिन के दर तक जा न सकती थी गरीबों की नज़
बे बुलाये आ रहे थे दौड़ते वह डाक्टर
लग रही थीं सूईयाँ पैहम तन-ए-बीमार में
रूह ना थी जा रही थी बिजलियों के तार में
बोझ थामे थी दवा जिस्म-ए-नहीफ़ व ज़ार का
सींक पुश्तीबान थी गिरती हुई दीवार का
जान व दिल से लेड़ियां हाज़िर थीं खिदमत के लिए
हाकिमान-ए-वक़्त आये थे अयादत के लिए
नाम भी लेता न था कोई निशात-ए-नौम का
सहन में एक ठट लगा था लीडरान-ए-क़ौम का
हो रहा था खैरियत ख्वाहों की उम्मीदों का ख़ून
तार पर तार आ रहे थे फ़ोन पर होते थे फ़ोन
बाम व दर पर सोग छाया था महल था सोगवार
फ़र्श था सिकुड़ा रंगीन पर्दे बेक़रार

ज़र्द वर्की कुमकुमे थे बेकसी थी पुर फिशां
थरथराते लैम्पौं की बंध गयी थीं हिचकियाँ
ले के करवट दफअतन बीमार ने खोली जुबाँ
हट गये बालीं से रुख़ पाते ही सारे नौहा ख्वाँ
आ गया घबरा के बेटा पहली ही आवाज पर
छिड़ गया हर्फ़-ए-वसीयत हिचकियों के साज़ पर
नौ जवां फरजन्द से कहने लगा वह नीम जां
अलफिराक़ ऐ कुव्वत-ए-दिल ऐ मेरी रूह-ए-खां
ये ख़ज़ाने, ये महल, ये चाह
सब हवाले हैं तेरे ले ऐ हक़ीक़ी वर्सः दार
नख़ल-ए-हसरत इक न इक दिन बारवर हो जायेगा
चल मिरे नक़्श-ए-क़दम पर तू भी सर हो जायेगा
देख फिर चलता है क्यों कर सीम व ज़र की छाँव में
डाल ले पहले यह ज़ंजीर -ए-गुलामी पाँव में
हॉ दिखा दे कफ़श बरदारी में सई--ए-कायमाब
हाकिमान-ए-वक्त के क़दमों के नीचे है खिताब
याद रख मिल्लत फ़रोशी में तरक़्क़ी का है राज़
मसलेहत है मोलवियों से भी कर ले साज़बाज़
मक्र तेरे वास्ते ग़द्दारियाँ तेरे लिए
छोड़ता हूँ, अपनी सब अय्यारियां तेरे लिए
और तो क्या वह अगर फ़र्माऐं मेरे होनहार
अपनी ठोकर से मिटाना बाप का नक़्श-ए-मज़ार
महर-ए-ज़र्रः है निगाहों से अगर गिर जायेगा
जिस से यह फिर जायेंगे उससे खुदा फिर जायेगा
उनके ज़र्रीं ताज का साया है ज़िल्ल-ए-किर्दगार
मुल्क में क़ाइम रखे अल्लाह उनका इक्तिदार
दावतें कर, भेज चन्दे ग़म मेरा बेकार है
मौज में आक़ा अगर आये तो बेड़ा पार है
और कहना चाहता था कुछ कि हिचकी आ गयी
बाप पर कामिलग़शी बेटे पे वहशत छा गयी।।

बेवः की ख़ुदकुशी

यह अंधेरी रात यह सारी फिज़ा[1] सोई हुई
पत्ती पत्ती मन्ज़र-ए-खामोश[2] में खोई हुई

1. वातावरण 2. मौन दृश्य

मोजज़न[3] है बहर-ए-ज़ुल्मत[4] तीरगी[5] का जोश है
शाम ही से आज कंदील-ए-फ़लक[6] ख़ामोश है

3. उर्मिल तंरगित
4. अन्धेरा सागर
5. अंधकार 6. अकाशीय दीप

चन्द तारे हैं भी तो बेनूर पथराये हुए
जैसे बासी हार में हों फूल कुम्हलाए हुए

खुब गया है यूँ घटा में चाँदनी का साफ़ रंग
जिस तरह मायूसियों[7] में दब के रह जाये उमंग

7. हताश, निराशा

उमडी है काली घटा दुनिया डुबोने के लिए
या चली है बाल खोले राण्ड रोने के लिए

हर गली ख़ामोश है हर रास्ता वीरान है
जितनी है गुनजान[8] बस्ती उतनी ही सुनसान है

8. धनी

इक मकाँ से भी मकीं[9] की कुछ ख़बर मिलती नहीं
चिलमने[10] उठती नहीं जंजीर-ए-दर[11] हिलती नहीं

9. विश्वास 10. पर्दा
11. कुण्डी, सांकार

सो रहे हैं मस्त व बेखुद थर के कुछ पीर[12] व जवाँ
हो गयी हैं बन्द, हुस्न व इश्क़[13] में सरगोशियाँ[14]

12. वृध्दावस्था, बुढ़ापा
13. सौन्दर्य प्रेम 14. कानाफूसी

हाँ मगर इक सिम्त[15] इक गोशे[16] में कोई नौहागर
ले रही है करवटों पर करवटें दिल थाम कर

15. दिशा 16. कोन

दिल संभलता ही नहीं सीना-ए-सद चाक[17] मैं
फूल सा चेहरा अटा है बेवगी की ख़ाक में

17. दुःख भरा सीना

उड़ चली है रंग सुख बन कर हयात-ए-मुस्तआर[18]
हो रहा है क़ल्ब[19]-ए-मुर्दा में जवानी का फ़िशार[20]

18. मांगा हुआ जीवन अस्थायी 19. मरा हुआ मन 20. फैलाना, फैलाव

हसरतें दम तोड़ती हैं पास[21] की आग़ोश में[22]
सैकड़ों शिकवे[23] मचलते हैं लब-ए-ख़ामोश में

21. निराशा 22. गोद, अंक 23. उपालम, उलाहना, शिकयत

उम्र आमादा[24] नहीं मुर्दा परस्ती के लिए
बार है यह जिन्दा मय्यत दोश-ए-हस्ती[25] के लिए

24. तैयार, सहमत
25. व्यक्ति काँधा

चाहती है लाख काबू दिल पे पाती ही नहीं
ज़ख़्म ख़ुर्दा[26] जवानी बस में आती ही नहीं

26. जख्मी

थरथरा कर गिरती है जब सूने बिस्तर पर नज़र
ले के इक करवट पटक देती है वह तकिये पे सर

जब खनक उठती हैं सोती लड़कियों की चूड़ियाँ
आह बन कर उठने लगता है कलेजे से धुआँ

हो गयी बेवा की ख़ातिर नींद भी जैसे हराम
मुख़्तसर सा अहद[27] इशरत[28] दे गया सोज़-ए-दवाम[29]

27. युग, काल
28. सुख, चैन, आनन्द
29. सदैव रहने वाली जलन

दोपहर की छाँव दौर-ए-शादमानी[30] हो गया
प्यास भी बुझने न पाई ख़त्म पानी हो गया

30. प्रसन्नता

ले रही है करवटों पर करवटें बा इज़्तिरार[31]
आग में पारा है या बिस्तर पे जिस्म-ए-बेक़रार

31. व्याकुलता के साथ

पड़ गई इक आह करके रोके उठ बैठी कभी
उंगलियों में लेके जुल्फ़ ख़म-ब-ख़म[32] ऐंठी कभी

32. घुंघरालापन

आके होटों पर कभी मायूस आहें थम गयीं
और कभी सूनी कलाई पर निगाहें जम गयीं

इतनी दुनिया में कहीं अपनी जगह पाती नहीं
यास इस हद की कि शौहर[33] की भी याद आती नहीं

33. पति

आ रहे हैं याद पैहम[34] सास नन्दों के सलूक[35]
फट रहा है ग़म से सीना उठ रही है दिल से हूक[36]

34. निरन्तर, लगातार
35. आचार 36. कराह

अपनी माँ बहनों का भी आँखे चुराना याद है
ऐसी दुनिया में किसी का छोड़ जाना याद है

बाग़बाँ[37] तो कब्र में है कौन अब देखे बहार
खुद उसी को तीर उसके करने वाले हैं शिकार

37. माली

जब नज़र आता नहीं देता कोई बेकस[38] का साथ
ज़हर की शीशी की जानिब[39] खुद-व-खुद बढ़ता है हाथ

38. लाचार 39. ओर

दिल तड़प कर कह रहा है जल्द इस दुनिया को छोड़
चूड़ियाँ तोड़ी तो फिर ज़न्जीर-ए-हस्ती[40] को भी छोड़

40. जीवन की सांकर या तीवन की जंजीर

दम अगर निकला तो खोई जिन्दगी मिल जायेगी
यह नहीं तो ख़ैर तन्हा[41] क़ब्र ही मिल जायेगी

41. अकेले

वाँ तुझे जिल्लत[42] की नज़रों से न देखेगा कोई
चाहे हँसना चाहे रोना फिर न रोकेगा कोई

42. अपमान

वाँ सब अहल-ए-दर्द[43] हैं सब साहिब-ए-इंसाफ[44] हैं
रहबर[45] आगे जा चुका राहें[46] भी तेरी साफ़ है

43. दर्द रखने वाले
44. न्याय करने वाले
45. मार्ग दर्शक
46. पथ, रास्ते

दिल इन्हीं बातों में उलझा कि दम घबरा गया
हाथ लेकर ज़हर की शीशी लबों तक आ गया

तिलमिलाती आंख झपकती झिझकती, हांपती
पी गई कुल ज़हर आख़िर थरथराती कांपती

मौत ने झटका दिया कुछ उज़्व[47] ढीले हो गये — 47. अंग
सांस उखड़ी नब्ज़ डूबी होंट नीले हो गये

आंख झपकी अश्क[48] टपका हिचकी आई खो गई — 48.आँसू
मौत की आग़ोश में इक आह भर कर सो गई

और कर इक आह, सुलगे हिन्द की रस्मों[49] का दाम — 49. रीति, परम्परा
ऐ जवाना मर्ग[50] बेवा तुझपे "कैफ़ी" का सलाम — 50. साहसी

ताज

हाँ यही ताज इसी ताज ज़र अफ़शां[1] की क़सम
हल्क़ा-ए-जब्र[2] है महकूमी-ए-इंसां[3] की क़सम

1. प्रकट धन
2. हिंसा का क्षेत्र
3. पराधीन मनुष्य

शर[4] का उनवान[5] है यह जंग[6] की तमहीद[7] है यह
तीरगी[8] जिस से बरसती है वह ख़ुर्शीद[9] है यह

4. शरारत, उपद्रव 5 शीर्षक
6.युद्ध 7. प्रस्तावना, भूमिका
8. अंधेरा 9. सूर्य

छू के जब इसको हवा झूमती बल खाती है
ख़ुद व ख़ुद आग हर इक सिम्त भड़क जाती है

मर्ग-ए-मैख़ानः[10] है गो रौनक़-ए-मैख़ानः[11] है
ज़हर की ज़हर है जिसमें, यह वोह पैमाना है

10. भरा हुआ शराब खाना
11. शराब घर की शोभा

उस का साया जो कोई शक्ल बना देता है
उठ के चंगेज़ ज़माने को हिला देता है

सुस्त है नब्ज़-ए-बक़ा[12] ज़र्द[13] है रू-ए-तौहीद[14]
कि इस आग़ोश[15] में ख्वाबीदा[16] है फ़िरऔन-व-यज़ीद

12. जीवन की नाड़ी
13. नाल 14. अद्वैतवाद का रूप
15. अंक, गोद 16. निद्रित

उफ़ यह तारीक चमक, उफ़ यह भयानक तन्वीर[17]
अक्स[18] डाले हुए है ज़ार का मनहूस ज़मीर[19]

17. रौशनी
18. परछाई 19. आत्मा

नस्ल-व-मज़हब का यह रहता नहीं पाबन्द कभी
फर्क़ पे जिस के चमक जाये हलाकू है वही

छूट इसकी तन-ए-आहन[20] पे जो पड़ जाती है
आग उगलती हुई शम्शीर उभर आती है
इसकी रौनक[21] ने उजाड़े गुलिस्ताँ[22] लाखों
इसने बस्ती में बसाये हैं बयाबाँ[23] लाखों

20. लौह शरीर

21. शोभा 22. पुष्प उद्यान 23. जंगल

कानें[24] छानी है पहाड़ो के वरक[25] मोड़े हैं
एक हीरे के लिए लाख जिगर तोड़े हैं

24. खनन 25. पृष्ठ

घर तो घर शम्अ मज़ारों की भी बुझ जाती है
जब कहीं इसके नगीनों[26] में चमक आती है

26. रत्न

सीम व ज़र[27] इसके लिए लाख उबलती है जमीं
यह वह कशकोल-ए-गदाई[28] है कि भरता ही नहीं

27. धन दौलत
28. भीख का कटोरा

सिद्क़[29] को किज़्ब[30] सिखाती है हकूमत उसकी
इल्म[31] को जहल[32] बनाती है सियासत उसकी

29. सत्यता 30. मिथ्या, असत्य
31. ज्ञान 32 अनपढ़, अज्ञानता, मूर्खता

यह वह जादू है कि ईमान पे भी चलता है
हस्ब-ए-मन्शा[33] इसी सांचे में ख़ुदा ढलता है

33. इच्छानुसार

ख़ून-ए-हक[34] आके इसी जाम[35] में बनता है शराब
जाँनकी[36] रक़्स[37] का पा जाती है रंगीन ख़िताब[38]

34. सच्चा खून, सत्य रक्त
35. गिलास 36. अन्तिमक्षण
37. नृत्य 38. उपाधि

इस का तुर्रा[39] जो कभी गैज़[40] मैं बल खाता है
ज़हर सुक़रात के ढाँचे में छिटक जाता है

39 अनोखापन
40.रोष, क्रोध

जिन्दगी उठी है ज़ोर उसका मिटाने के लिए
और बढ़ता है क़ोई ज़र्ब[41] लगाने के लिए

41. चोट, आघात, प्रहार

लीडर की आमद

शोर है ख़त्म चार तरफ़ राहनुमा[1] आता है मुश्किलें खत्म हुई उक़दाकुशा[2] आता है	1. मार्ग दर्शक 2. कष्ट निवारक
दर्स-ए-इबरत[3] है यह ईसार[4] जमाने के लिए तिश्ना[5] कामों की तरफ अब्र-ए-अता[6] आता है	3. शिक्षा उपदेश 4. त्याग 5. तृष्णा, पियासु 6. बादलों का दान, कृपा
झंडियाँ शहर से लहराती हैं स्टेशन तक फाटकों की यह सजावट कि पशेमाँ[7] है फ़लक[8]	7. लज्जित 8. आकाश
गैस के यह महे ताबिंन्दा[9] यह बर्क़ी[10] तारे कहकशां[11] खाती है घूँघट ज़हे ताबिन्दा[12] सड़क	9. श्रेष्ठ प्रकाश, महा दीप्तिमान 10. विद्युत तारे 11. झुरमुर, आकाश गंगा 12. अहो प्रकाश, अहो दीप्तिमान
मोटरें रेंगती है नाज़[13] से पहने हुए हार जाल फूलों का है हर ताँगे पे घोड़ों पे बहार	13. घमण्ड, गर्व
नशशा-ए-फख्र[14] में क़ाबू से जो बाहर है जलूस दमबदम करती है मज़बूत पुलिस अपना हिसार[15]	14. गर्व का नशा 15. परिधि, घेरा, प्राचीर
पार्क को देख के हैरान है चश्म-ए-रिज़्वाँ[16] एक इक खेमें पे फिरदौस[17] का होता हे गुमाँ[18]	16. स्वर्गध्यज्ञनी आँखें 17. स्वर्ग 18. भ्रम
भाप उड़ी जाती है देगों से चुराकर खुशबू ऐण्डता फिरता है अंबोह[19] पे मतबख़[20] का धुआँ	19. समूह 20 रसोइघर
अपनी जन्नत से निकलते भी अगर हैं लीडर जज़्ब[21] हो जाते है नज़रों में यह रंगीं मन्ज़र[22]	21. शोषण 22. दृश्य
इस कदर बारिश-ए-नेमत[23] यह ज़िया[24] का सैलाब[25] कैसे महसूस हो तारीक[26] हैं भूखों के खण्डर	23. वर्षा की कृपा 24. प्रकाश 25. बाढ़ 26 अन्धकार

इस तक्ल्लुफ़[27] से तो इज़्हार-ए-मलाल[28] अच्छा है
काम अच्छा सही कब उसका मआल[29] अच्छा है

उन के देखे से जो आ जाती है मुंह पे रौनक[30]
वह समझते हैं कि बीमार का हाल अच्छा है

27. संकोच 28. शोर प्रकट करना
29. फल

30. शोभा

जौहर

1.

मैं शोला[1] था — मगर यूँ राख के तोदे ने सर कुचला
कि इक सेले[2] से पेच ओखम[3] में ढल जाना पड़ा मुझको
मैं बिजली था — मगर वह बर्फ़ आगीं[4] बदलियाँ छायीं
कि दब कर उन चटानों में पिघल जाना पड़ा मुझको

2.

मैं तूफ़ाँ था — मगर क्या कहिये इस तिश्ना[5] समंदर को
कि सर टकरा के साहिल[6] ही से रूक जाना पड़ा मुझको
मैं आँधी था — मगर वह ख़्वाब आलूदा[7] फ़िज़ा[8] पायी
कि खुद अपनी ही ठोकर खाके झुक जाना पड़ा मुझको

3.

मगर अब उस का रोना क्या है, क्या था देखिये, क्या हूँ
मैं इक ठिटरा हुआ शोला हूँ इक सिकुड़ी हुई बिजली
असर नश-ओ-नुमा[9] पर डाल ही देता है गेहवारा[10]
मैं इक सिमटा हुआ तूफ़ाँ हूँ इक सहमी हुई आँधी

4.

मगर मा'बूद-ए-बेदारी[11]! कहीं फितरत[12] बदलती हैं
धुएं को गर्म होने दे भड़कना अब भी आता है
मेरी जानिब से इत्मिनान[13] रख आतिशनवा[14] रहबर[15]
ज़रा बादल तो टकराएँ कड़कना अब भी आता है

5.

थपेड़े हाँ यूँही पैहम[16] थपेड़े मौज-ए-आज़ादी
बहा दूँगा मता ए किश्त-ए-महकूमी[17] बहा दूँगा
झकोले हाँ यही बरहम झकोले सर सर[18] हस्ती
हिला दूँगा तज़ाद-ए-ज़ीस्त[19] की चूलें हिला दूँगा

---

1. अग्नि शिखा 2. धार, प्रवाह 3. छल कपट, उतास्दान 4. युक्त 5. तृष्णा, पिपासु 6. किनारा 7. गन्दी, युक्त 8. वातावरण 9. पालन पोषण 10. हिण्डोला 11. ईश्वर जागरण 12. प्रकृति 13. सन्तोष 14. अग्नि भाषी 15. मार्ग दर्शक 16. निरन्तर 17. रक्त पात की पूँजी 18. गुलामी, परधीनता 19. जीवन की प्रतिकूलता

मशवरे

पीरी[1] : यह आँधी, यह तूफ़ाँ, यह तेज़ धारे
कड़कते तमाशे, गरजते नज़ारे
अन्धेरी फ़िज़ा[2] सांस लेता समन्दर
न हमराह[3] मिशअल[4] न गरदूँ[5] पे तारे
मुसाफिर! खड़ा रह अभी जी को मारे।

1. वृद्धावस्था, बुढ़ापा
2. वातावरण
3. साथी 4. प्रकाश, स्तम्भ, उल्का
5. आकाश

शबाब[6] : उसी का है साहिल[7] उसी के कगारे[8]
तलातुम[9] में फंस कर जो दो हाथ मारे
अंधेरी फ़िज़ा सांस लेता समन्दर
यूँ ही सर पटकते रहेंगे यह धारे
कहाँ तक चलेगा किनारे किनारे।

6. युवावस्था 7. किनारा
8. किनारे 9. आवेग, तरंग

बेकारी

ये बाजू ये बाजू की मेरी सलाबत[1]
ये सीना, ये गर्दन, ये कुव्वत[2] ये सेहत
ये जोश-ए-जवानी, ये तूफ़ान-ए-जुरअत[3]
ब ईं[4] वस्फ़[5] कुछ भी नहीं मेरी क़ीमत[6]
हयात व-अमल का गुनहगार[8] हूँ मैं----
बड़ा दुख है मुझको कि बेकार हूँ मैं

1. कठोरत
2. शार्क
3. तूफ़ान की हिम्मत
4. इस जैसा 5. गुण, विशेषता 6. मूल्य
7. जीवन का प्रयोग
8. पापी

यह गीती[9] है जिसमें दफ़ीने[10] मकीं[11] हैं
वह दरिया है जिसमें गुहर[12] तहनशी[13] हैं
वह जंगल है जो रश्क-ए-खुल्द-ए-बरी[14] हैं
ये फित्‌रत[15] के इनआम[16] मेरे नहीं हैं
तही[17] दस्त वमहरूम[18] व नादार[19] हूँ मैं -----
बड़ा दुख है मुझको कि बेकार हूँ मैं

9. संसार, जगत 10. गढ़ा हुआ धन
11. मकान गृह, गृह, भवन 12. मोती
13. भूगर्भ 14. स्वर्गीय ईर्ष्या
15. प्रकृति 16. पुरस्कार
17. निर्धन 18. वंचित 19. दरिद्र, दीन

पुकारें ज़मीनों के कानों[20] के मालिक
बढ़ें जगमगाती दुकानों के मालिक
कहाँ हैं कहाँ कारखानों के मालिक
खरीदें छलकते ख़ज़ानों के मालिक
कि मेहनत फ़रोशी[21] को तैयार हूँ मैं ----
बड़ा दुख है मुझको कि बेकार हूँ मैं

20. खनन
21. मेहनत करना

जो मौक़ा मिले सर फ़लक[22] का झुका दूँ
ज़मीं पर सितारों की शमअें[23] जला दूँ
ख़ज़फ़[24] को दमक दे के सूरज बना दूँ
तरक़्क़ी को कुछ और आगे बढ़ा दूँ
कि चालाक व होशियार व बेदार[25] हूँ मैं -----
बड़ा दुख है मुझको कि बेकार हूँ मैं

22. आकाश
23. दीपन
24. कण
25. जागृत

ज़रूरत है मेरी हयात व बक़ा[26] को
ज़रूरत है मेरी ज़मीं को फ़िज़ा[27] को

26. स्थिर जीवन
27. वातावरण

ज़रूरत है हर इब्तिदा[28] इन्तिहा[29] को
ज़रूरत है तहजीब[30] को इर्तक़ा[31] को
ग़लत है कि इक हर्फ़-ए-तक्रार[32] हूँ मैं—
बड़ा दुख है मुझको कि बेकार हूँ मैं

28. प्रारम्भिक 29. अन्त
30. संस्कृति 31. विकास
32. विवाद का निशान

कहां ज़र परस्ती[33] कहाँ क़द्र दानी[34]
कहाँ लूट ग़ारत[35] कहाँ मेहरबानी
यह बेआब[36] हस्ती[37] ये भूकी जवानी
ये यख़ बस्ता[38] बिजली ये उस्तादा[39] पानी
रूकी तेग़[40] हूँ मैं मुड़ी धार हूँ मैं ----
बड़ा दुख है मुझको कि बेकार हूँ मैं

33. धन लोलुमता, धन लालसा
34. गुण ज्ञानता 35. लूट मार
36. रूखी
37. जीवन
38. ठण्डी 39. ख़डा हुआ
40. तलवार

मेरी हड्डियों से बने हैं ये ऐवाँ[41]
मेरे ख़ून से है ये सैल-ए-बहाराँ[42]
मेरी मुफ़्लिसी[43] से खज़ाने है ताँबाँ[44]
मेरी बेज़री[45] से है सिक्के दरख़शाँ[46]
उस आइना-ए-ज़र[47] का ज़ंगार[48] हूँ मैं—
बड़ा दुख है मुझको कि बेकार हूँ मैं

41. सदन, भवन
42. बसन्त ऋतु की धारा
43. निर्धनता 44. प्रकाशित, प्रज्ज्वलित, दीप्तिमान
45. धन लालसा 46. दीप्तिमान
47. दौलत का दर्पण 48. ताँबे का कसाब, तूतिया

कहाँ तक ये बिलजब्र[49] मर मर के जीना
बदलने लगा है अमल का क़रीना[50]
लहू में है खौलन जबीं[51] पर पसीना
धड़कती है नब्ज़ें सुलगता है सीना
गरज ऐ बगावत[52] कि तय्यार हूँ मैं—
बड़ा दुख है मुझको कि बेकार हूँ मैं

49. जबरदस्ती
50. संगति
51. मस्तक
52. विद्रोह

औरत

उठ मेरी जान! मेरे साथ ही चलना है तुझे
क़ल्ब-ए-माहौल[1] में लरज़ाँ[2] शरर-ए-जंग[3] हैं आज
हौसले वक़्त के और ज़ीस्त[4] के यक रंग हैं आज
आबगीनों[5] में तपां[6] वलवला-ए-संग[7] हैं आज
हुस्न और इश्क़ हम आवाज़ व हमआहंग[8] हैं आज
जिसमें जलता हूँ उसी आग में जलना है तुझे—
उठ मिरी जान! मिरे साथ ही चलना है तुझे

1. मन का वातावरण
2. स्पन्दनशील 3. अग्नि युद्ध
4. जीवन 5. रत्नों में 6. तड़पता हुआ
7. पत्थरों की सी उमंग
8. सहमत

जिन्दगी जहद[9] में है सब्र[10] के क़ाबू में नहीं
नब्ज़-ए-हस्ती[11] का लहू कांपते आंसू में नहीं
उड़ने खुलने में है नक्हत[12] ख़म-ए-गेसू[13] में नहीं
जन्नत इक और है जो मर्द के पहलू में नहीं
उसकी आज़ाद रविश[14] पर भी मचलना है तुझे—
उठ मेरी जान! मेरे साथ ही चलना है तुझे

9. प्रयास, चेष्टा, प्रमत्न
10. धैर्य 11. जीवन की नाड़ी
12. सौरभ, सुगन्ध
13. बालों के घेरे में
14. शैली 15. स्वतन्मगीत विधि

गोशे-गोशे[16] में सुलगती है चिता तेरे लिए
फ़र्ज़[17] का भेस बदलती क़ज़ा[18] तेरे लिए
क़हर[19] है तेरी हर इक नर्म अदा तेरे लिए
ज़हर ही ज़हर है दुनिया की हवा तेरे लिए
रूत बदल डाल अगर फूलना फलना है तुझे—
उठ मेरी जान ! मेरे साथ ही चलना है तुझे

16. कोने कोने
17. कर्त्तव्य 18. मृत्यु
19. प्रकोप

क़द्र[20] अब तक तिरी तारीख़ ने जानी ही नहीं
तुझ में शोले[21] भी हैं बस अश्कफ़िशानी[22] ही नहीं
तू हक़ीक़त भी है दिलचस्प कहानी ही नहीं
तेरी हस्ती भी है इक चीज़ जवानी ही नहीं
अपनी तारीख़ का उनवान[23] बदलना है तुझे
उठ मेरी जान! मेरे साथ ही चलना है तुझे

20. मूल्य, आदर 21. अग्नि
22. अश्रुवर्षा
23. शीर्षक

तोड़ कर रस्म[24] के बुत[25] बन्द-ए-क़दामत[26] से निकल
ज़ो'फ़-ए-इश्रत[26] से निकल वहम-ए-नज़ाकत[27] से निकल
नफ़स[28] के ख़ींचे हुए हल्क़ा-ए-अज़मत[29] से निकल
क़ैद बन जाए मुहब्बत तो मुहब्बत से निकल
राह का ख़ार[30] ही क्या गुल[31] भी कुचलना है तुझे ----
उठ मेरी जान! मेरे साथ ही चलना है तुझे-

24. रीत 25. पत्थर
26. प्राचीन रीति
27. कोमलता 28. श्वांस
29. बड़ाई के क्षेत्र
30. पथ कांटा 31. फूल

तोड़ ये अज़्म[32] शिकन दग़दग़ा-ए-पन्द[33] भी तोड़
तेरी ख़ातिर है जो ज़ंजीर वह सौगंध भी तोड़
तौक़[34] यह भी है ज़मर्रूद[35] का गुल बन्द[36] भी तोड़
तोड़ पैमाना-ए-मरदान[37]-ए-ख़िरदमन्द[38] भी तोड़
बन के तूफ़ान छलकना है उबलना है तुझे–
उठ मेरी जान! मेरे साथ ही चलना है तुझे

32. संकल्प की ऐंठन
33. उपदेश का भय
34. हार 35. क़ीमती पत्थर
36. गले का बन्द
37. मर्दाना पन का पैमाना
38. बुद्धिमत्ता

तू फ़लातून व अरस्तू है तू ज़ोहरा परवींन
तेरे क़ब्ज़े में गरदूँ[39] तेरी ठोकर में ज़मीं
हां उठा जल्द उठा पाये मुक़द्दर से जबीं[40]
मैं भी रूकने का नहीं वक़्त भी रूकने का नहीं
लड़खड़ाएगी कहाँ तक कि संभलना है तुझे–
उठ मेरी जान! मेरे साथ ही चलना है तुझे

39. आकाश
40. माथा, मस्तक

हक़ीक़तें

आज हर दिन से ज़्यादा है हलाकत[1] का असर
दर्द रग रग में है दोहरी हुई जाती है कमर
यह गिरानी[2], यह मेरा खर्च, कुछ सिक्का-ए-ज़र[3]
जिन का मकरूज़[4] हूँ वह बैठे मिलेंगे घर पर
        और घर में ग़म-ए-उसरत[5] के सिवा कुछ भी नहीं

उफ यह सिक्के, यह शब व रोज़[6] की मेहनत का मआल[7]
जिन का पाना भी वबाल[8] ओर न पाना भी वबाल
जिनका मुट्ठी में ज़रा देर ठहरना भी मुहाल[9]
खेंच लेता है जिन्हें सूद सतानों[10] का जलाल[11]
        हक़ मेरा उन पे ज़ियारत[12] के सिवा कुछ भी नहीं

वह रफ़ीका,[12] वह मेरी मूनिस[13] इख़लास[14] पनाह
जिसकी मदकूक़[15] जवानी है मसाइब[16] की गवाह[17]
दामन-ए-क़स्द[18] तबस्सुम[19] में समेटे हुए आह
देर से होगी मेरे वास्ते जो चश्मबराह[20]
        नज़र को उसकी निदामत[21] के सिवा कुछ भी नहीं

पंजा-ए-मर्ग[22] से हस्ती को छुड़ाऊँ क्यूँकर
लूट कर रहम के अंदाज़ सिखाऊँ क्यूंकर
फ़र्क़-ए-ज़र[23] पाये मशक़्क़त[24] पे झुकाऊँ क्यूंकर
गर्द-ए-इफ़लास[25] को अक्सीर[26] बनाऊँ क्यूँकर
        मेरे कब्ज़े में तो मेहनत के सिवा कुछ भी नहीं

मिल्कित ने पर-ए-शहबाज़-ए-हुनर[27] तोड़ लिए
नख़्ल-ए-फ़ितर[28] के हसीं बर्ग व-समर[29] तोड़ लिए
हिर्स[30] में दामन-ए-गीती[31] के गुहर[32] तोड़ लिए
और बहकी तो गुल[33] शम्स व क़मर[34] तोड़ लिए
        उफ़क़-ए-दहर[35] पे ज़ुलमत[36] के सिवा कुछ नहीं

बैंक, यह बैंक, यह फिरदौस-ए-हवस[37] जन्नत-ए-ज़र[38]
यह लचकती हुई लब़रेज[39] ख़ज़ानों की कमर
बहर-ए-बैसेल[40]-व-तलातुम[41] के यह खुश आब[42] गुहर[43]
बाग़ बेख़ार व खिज़ाँ[44] के यह तलापोश[45] समर[46]
        हाँ मेरी फालतू मेहनत के सिवा कुछ भी नहीं

1. मृत्यु
2. मंहगाई 3. धन दौलत
4. ऋणी
5. निर्धनता का दुःख
6. प्रतिदिन 7. धन
8. कठिनाई
9. कठिनाई
10. सूद खोर 11. उमंग, तरंग
12. दर्शन 12. मित्र
13.मित्र 14. निःस्वार्थकता
15. रोगी, रोगग्रस्त 16. परेशानियाँ
17. साक्षी
18. संकल्प का दामन
19. मुस्कान 20. शुभ चिन्तन
21. पश्चाताप
22. मौत का पंजा
23. धन का अन्तर 24. श्रम
25. दरिद्रता की धूल
26. रामबाण 27. शहबाज के पर का कौशल 28. प्रकृति के वृक्ष
29. शाखाएं एवं फूल
30. ग्लानि, ईर्ष्या 31. संसार के दामन 32. रत्न 33. फूल 34. चांद सूरज 35. समय का क्षितिज
36. अंधकार 37. स्वर्ग की लालसा 38. स्वर्ग का धन 39. भरी हुई 40. समुद्र की अप्रवाहित धारा
41. तंरग 42. सुन्दर चमक वाले 43. मोती 44. बिना कॉटे व पतझड़ 45. स्वर्णिम 46. फल

लूट के मुंह पे यह तक़सीम-ए-अज़ल[47] का पर्दा
क़ालिब-ए-अदल[48] में ढाई हुई यह रूहे-ए-जफ़ा[49]
लौह-ए-इफ़्लास[50] पे यह कतबा[51] -ए-मन्शा-ए-ख़ुदा[52]
ताक-ए-हस्ती[53] में यह रखा हुआ बुत क़िस्मत का
इक अमल सोज़ सियासत[54] के सिवा कुछ भी नहीं

रास आता है जिन्हें मशगला-ए-जोर व जफ़ा[55]
जिनकी आंखों में शरारत है तबीअत में दग़ा[56]
खून-ए-मुफ़्लिस[57] से किया करते हैं जो कस्ब-ए-हिना[58]
उनकी दुनिया में सभी कुछ है मुसीबत के सिवा
मेरी दुनिया में मुसीबत के सिवा कुछ भी नहीं

गुलशन-ए-जोर[59] की सम रेज़[60] व ख़िज़ाँपाश[61] बहार,
दोज़ख़-ए-ज़र[62] के मचलते हुए जाँ सोज़[63] शरार[64]
नफ़अख़ोरों[65] की निगाहों की लचकती तलवार
बढ़ते जाते हैं शब-व-रोज़[66] यह सारे आज़ार[67]
कि इलाज इन का बग़ावत[68] के सिवा कुछ भी नहीं

47. आदि
48. हार्दिक न्याय 49. अन्याय की आत्मा 50. निर्धनता की तख़्ती
51. पदल 52. ऐश्वर्य इच्छा
53. जीवन के ताकने
54. राजनीति का ताप

55. अन्याय ऐश्वर्य का शौक
56. धोखा
57. निर्धनता 58. मन का उपार्जन

59. पुष्प वाटिका का अत्याचार
60. विर्षली पतझड़ का मौसम
61. पतझड़ 62. नरक का धन
63. दुखी 64. चिंगारी 65. लामार्थी
66. प्रतिदिन 67. रोग, बीमारी
विद्रोह

तजुर्बे

1

काम तख़य्युल[1] आ नहीं सकती
दीद[2] दूरी मिटा नहीं सकती
कैफ़[3] क्या भागती बहारों में
दिल की राहत[4] कहाँ नज़ारों में
लाख झूले नज़र सितारों में
तीरगी[4] घर की जा नहीं सकती

1. कल्पना, विचार
2. दर्शन, अवलोकन
3. उन्माद चैन
4. चैन

2

ज़िक्र-ए--अजदाद[5] से हों गो ख़ोरसन्द[6]
हाल व माज़ी[7] का राबितः[8] ता चन्द
मौत से साज़ करके जीना क्या
खुम[9] से जो गिर गयी वह पीना क्या
वहम से चाक[10] अक़्ल सीना क्या
उधड़े जाते हैं ख़ुद बखुद पैवन्द[11]

5. अंधकार
5. पूर्वजों का वर्णन 6. प्रसन्न
7. भूतकाल, बीता हुआ 8. सम्पर्क
9. झुकना
10. फटा हुआ
11. जोड़

3

नग़मगी[12] ग़म पे छायेगी क्यूँकर
मुफ़्लिसी[13] गुनगुनाएगी क्यूँकर
मैकदा[14] है निशात[15] की बस्ती
फिर भी मिटता नहीं ग़म-ए-हस्ती[16]
मुस्तक़िल प्यास आरज़ी[17] मस्ती
रूह[18] तस्कीन[19] पायेगी क्यूँकर

12. संगीत
13. निर्धनता
14. अमधालय, मधुशाला 15. आनन्द, हर्ष
16. दुख का अस्तिव
17. क्षणिक द्ररिद्रता
18. आत्मा
19. तृप्ति

4

यख़[20] जमेगी शरार[21] पर कितनी
आगही होगी बेख़बर कितनी
ज़ुल्फ़ लहरा के इत्र बरसा जाये
नशा सा इक हवास[22] पर छा जाये
नर्म ज़ानों पे नींद भी आ जाये
नींद की उम्र ही मगर कितनी

20 बर्फ़ 21. चिंगारी
22. इन्द्रिया, होश

आख़िरी इम्तिहान

बिजलियां, आग, टैंक, बम तोपें इम्तिहाँ अज़्म[1] का सिबात[2] का है
रूस! यह जंग तेरी जंग नहीं आख़िरी मा'रिकः[3] हयात[4] का है

1. संकल्प 2. दृढ़ता, स्थिरता 3. रणक्षेत्र, विवाद 4. जीवन

यह तेरा अज़्म, तेरी कुर्बानी काम इक रोज़ आ ही जायेगी
नौजवानों के ख़ून की सुर्ख़ी[5] रूऐ आलम[6] पे छा ही जायेगी

5. लालिमा 6. संसार, जगत

नयी दुनिया की पड़ रही है नींव ख़ैर उजड़ी तो उज़ड़ी आबादी
फैसला हो गया सर-ए-मैदाँ[7] ज़िन्दगी है गिरां[8] कि आजादी

7. मैदान में 8. महँगी

ख़ाक में जज़्ब[9] अब नहीं होता ख़ून तूफान अब उठायेगा
हाँ यही जोश, सैल, तुग़्यानी[11] आज क़ातिल[12] ही डूब जायेगा

9. शोषित 10. प्रवाह, धारा 11. बाढ़ 12. हत्यारा

है बदलने पे वक्त आमादा[13] ख़ूँ तिरा रायेगाँ[14] नहीं होगा
आख़िरी है यह मौत का हमला अब कोई इम्तिहाँ नहीं होगा

13. सहमत
14. बेकार, निरर्थक

"धुआँ"

ये स्याहफ़ाम[1] चिमनी से उठता धुआँ — कारख़ाने का ढाला हुआ आसमाँ
अब्र[2] की तरह गर्दूं[3] के लब[4] चूमता — अज़दहे की तरह ऐंडता झूमता

लूँ की मानिन्द[5] दामन झटकता हुआ — ज़हर बन कर फ़िज़ा[6] में छटकता हुआ
बिजलियाँ आस्तीं में संभाले हुए — बोझ सा दोश-ए-हस्ती[7] पे डाले हुए

गेह[8] सिमटता हुआ गाह[9] खिंचता हुआ — इन्फ़िरादी शिकंजे में[10] भिंचता हुआ
देखकर रूख हवाओं का उड़ता हुआ — शहर से दूसरी सिम्त मुड़ता हुआ

लूँ से, आंधी से, बाज़ी लगता हुआ — दूसरी चिमनियों को छिपाता हुआ
यक रूखी[11] को फ़िज़ा की मिटाये हुए — वस्त[12] में एक दीवार उठाये हुए

साथ उड़ती हुई ले के अंगड़ाईयाँ
धड़धड़ाती मशीनों की परछाईयाँ

दामन-ए-तार[13] पर बजा नक़्श गीर[14] — ख़ून-ए-मज़्दूर की आड़ी तिरछी लकीर
नज़्म व तरतीब[15] व तामीर[16] से बेखबर — तुन्द व तारीक[17] लहरों में तुर्फ़ः असर[18]

आजिरों[19] के लिए अब्र-ए-जूद व अता[20] — और मेहनत फ़रोशो[21] को क़हत व वबा[22]
उनकी फिरदौस-ए-हिर्स व हवस[23] में बहार — उनकी कुश्त-ए-मशक़्क़त[24] पे बर्क़ व शरार

उनके कब्ज़े में देता हुआ तहत व फ़ौक[26] -उनकी खातिर लिए दार व ज़ंजीर व तौक़[27]

यह धुआ "कैफ़ी" साहब यह अंधा धुआँ
एक मुद्दत से है जो यूँ ही पुर फिशाँ[28]

सत्ह[29] से नफ़ूअ खोरी[30] की उभरे अगर - तोड़ ले चाँद तारे अभी झूम कर

इर्तिक़ा जलवा-ए-नौ[31] दिखाने लगे
बन के जन्नत ज़मीं जगमगाने लगे

---

1. काली 2. बादल 3. आकाश 4. ओंठ 5. तरह, समान 6. वातावरण 7. व्याकिल कांधा 8. कभी 9. स्थान 10. वैयक्तिक यातना, व्यक्तिगत दण्ड 11. एक ओर 12. मध्य 13.जीवन कतार 14. बेलबूटा, रूपरेखा 15. क्रम 16. निर्माण 17. अन्धेरी 18. विचित्र प्रभाव 19. परिश्रमिक मजदूर 20. प्रदान किया गया 21. श्रमिक 22. अकाल व कठिनाई 23. लोभ वासना 24. ख़ून व दाम 25. बिजली अंगारे 26. ऊंच नीच 27. क़ैद, व फन्दा गले में डालने वाला घेरा 28. वर्षक 29. स्तर 30. लाभ कारी 31. नया विकासित रूप

सुर्ख़ जन्नत

(पच्चीसवीं वर्षगांठ के अवसर पर)

यह रूस जिस को दरिंदे[1] मिटा रहे हैं आज
यहीं जमा क़दम-ए-इन्क़लाब[2] पहले पहल
यहीं हयात[3] हुई कामयाब पहले पहल
उठा यहीं से नया आफ़ताब[4] पहले पहल
सियाह अब्र[5] फिर हरे उड़ा रहे हैं आज
उसी ज़मीन पे आज़ाद आदमियत है
है हुस्न हुस्न, मुहब्बत यहीं मुहब्बत है
उसी बहिश्त[6] में हव्वा की बादशाहत है
उसी बहिशत पे शैतान छा रहे हैं आज
यहीं हमात न तकदीर का सनम[7] तोड़ा
यहीं फ़कीर के कासे ने जाम-ए-जम[8] तोड़ा
उसी बिसात[9] पे क़ारूनियत ने दम तोड़ा
ख़ज़ाना केश[10] यहीं हश्र[11] ढा रहे हैं आज
जला के फूंक के मनहूस[12] बन्दिशें[13] सारी
दिया गया यहीं इन्सां को जौक़-ए-बेदारी[14]
रहे बक़ा[15] से हुई दूर भूक, बीमारी
शरीर[16] फिर वहीं कांटे बिछा रहे हैं आज
उसी ज़मीन ने किसानों की क़द्र[17] जानी है
उसी ज़मीन पे मेहनत की हुक्मरानी[18] है
यह शाह की नहीं इन्सां की राजधानी है
उजड़ के खुद जिसे इन्सां बचा रहे हैं आज
ज़रा अमाँ[19] जो मिली इस जमीन को शर[20] से
अदब के फूल खिले अब्र[21] इल्म के बरसे
गुहर[22] तराश लिए इर्तिक़ा[23] ने पत्थर से
फिर इर्तिक़ा को सितम[24] आज़मा रहे है आज
यह सच है 'कैफ़ी' सितम हो रहा है आज उस पर
मगर वह अक्स[25] जो डाले हुए था ताज उस पर
वह पर्दे जो कि उढ़ाये था साम्राज्य उस पर
वह पर्दे जंग के शोले उठा रहे हैं आज

1. पशु
2. इन्क़िलाब का चरण
3. जीवन
4. सूर्य
5. काले बादल
6. स्वर्ग
7. मूर्ति, प्रतिमा
8. शराब का ग्लास
9. सामर्थ्य, शकि
10. रोकड़ 11. प्रलय
12. अशुभ 13. पाबन्दिर
14. जागरूकता की रूचि
15. जीवन पथ
16. दुष्ट, उपद्रवी
17. महत्व
18. शासन
19. शरण 20. दुष्टता
21. बादल
22. मोती, रत्न
23. विकास
24. अत्माचार
25. परछाई

इस्तिक़्लाल[1]

(एक बुजुर्ग के नाम जो नाज़ी दरिन्दों[2] को इस्तिक़्लाल व पामर्दी[3] का हामिल[4] समझते हैं)

तूने इस्तिक़्लाल की अच्छी कहीं ऐ हमनशीं[5]
मुझ को शक है यह छिछलती मदह[6] फबती तो नहीं

पहले अपनी दोस्ती के गीत गाना बार-बार
ताकि बे रोग़न[7] ही लौ दे दें चिराग़-ए-एतबार[8]
सुलह[9] के पैग़ाम से क़ौमो को बहलाने के बाद
अन्दर-अन्दर साज़िशों[10] के जाल फैलाने के बाद
लेके अपनी पुश्त[11] पर फ़ौजों की इक संगी क़तार[12]
फिर उन्हीं कौमों पे धावा बोल देना एक बार
और बाईं[13] शान-ए-बहीमाना[14] बाईं ज़ौम-ए-जफ़ा[15]
कि जलाना, फूंक देना, खूँ बहाना सब रवा[16]
दर्द-ए-इन्सानी, न अपने अहद ही का कुछ ख़याल
लूट अहसन[17] जुल्म बेहतर कत्ल जाइज़ खूँ हलाल
मुस्कुराते गुलिस्तां पर बर्फ़ बन कर कौंदना
लहलहाती खेतियों को बे मुहाबा[18] रौंदना
फ़ख़्र[19] यह मेहनतकशों[20] की दौलतों को लूटना
दौलतें क्या औरतों की इस्मतों[21] को लूटना
ठोकरों से तोड़ देना खेलते बच्चों के सर
तौलना नन्हे से पैकर[22] आतशीं संगीन[23] पर
आलमों[24] से जाहिलाना बुग्ज़[25], फनकारों[26] से लाग[27]
मददसे डहाना, लगा देना कुतुब खानों[28] में आग
खोद कर बर्बाद कर देना ब शान-ए-इफ्तिख़ार[29]
शाइरों की क़ब्र, अफ़साना नवीसों का मज़ार
जादा-ए-तखरीब[30] पर बेख़ौफ चलकर यह अकड़
गांव को, शहरों को दोजख़[31] में बदल कर यह अकड़
सीना-ए-तहज़ीब[32] पर ख़न्जर[33] चला कर यह खुशी
बोल नादाँ[34] ! है यही तारीफ़ इस्तिक़्लाल की

1. दृढ़ता
2. पशुता 3. बहादुरी
4. निष्कर्ष,फल,रूप
5. मित्र
6. प्रशंसा
7. बिना चमक वाले
8. विश्वास
9. संधि
10. षड्यंत्र
11. कमर, पीछे 12. गम्भीर पंक्ति
13. इन सबके होते हुए
14. पशुओं जैसा सम्मान
15. अन्याय हिंसा का गर्व
16. उचित
17. कृतज्ञ
18. बेदर्दी से
19. गर्व 20. श्रमिकों
21. सतीत्व
22. शरीर,मुख 23. आग्नेश शस्त्र
24. विद्वानों 25. ईर्ष्या
26. कलाकारों 27. लगन
28. पुस्तकालय
29. गर्व के साथ
30. विनाश का मार्ग
31. नरक
32. संस्कृति के वक्ष पर
33. छुरी
34. मूर्ख

सुन कि इस्तिक़्लाल हद्दे[35] ज़ुल्म[36] में आता नहीं

तेग़ के सीने में यह जौहर नुमू[37] पाता नहीं

भेड़िये, चीते, दरिन्दे[38], चोर, डाकू राहज़न[39]

बस निहत्तों[40] ही को दिखलाते हैं सारा बाँकपन[41]

हाथ उनके लूट में थकते नहीं थमते नहीं

हाँ मुक़ाबिल[42] भी जो डट जाये तो फिर जमते नहीं

जानते हैं जिसको इस्तिक़्लाल अहले इल्म व फ़न[43]

फूटती है मतला-ए-इन्सानियत[44] पर वोह किरन।

जब पिला देती है सीसा[45] सा सदाक़त[46] पाँव में

मुस्कुराते हैं सिपाही बिजलियों की छाँव में

शान-ए-इस्तिक्लाल तुझको देखना ही है अगर

अर्ज़[47]-ए-इस्तालिन की जानिब[48] एक उड़ती सी नज़र

अलअमाँ[49] वह लूट, वह गारत[50] बहा फ़ितने अलअमाँ

ज़लज़ले[51], तूफ़ान, हलचल, शोर, ग़ौग़ा,[52] आँधियाँ

बरबरियत,[53] दुश्मनी, सख़्ती, जफ़ा,[54] नफ़रत,[55] सितम[56]

गोलियां बारूद, तय्यारे[57] सुरंगें, टैक, बम

मक्र[58], हीले[59], धात, ख़ूं रेज़ी[60] दग़ा[61], अय्यारियां[62]

आग, शोले, बिजलियां, तोपें, जहन्नुम बारियां[63]

जुर्म, वहशत[64], शैतनत[65], जादा व जादा[66] कूबकू

जां कनी[67] फ़रियाद[68], चीखें, सिसकियां, लाशें, लहू

जोश, हमला, तनतना[69], यलग़ार[70], हंगामा, पुकार

जहद, कोशिश, पैंतरे, सफ़्फाकियां,[71] हल्क़ः, हिसार[72]

दौड़ती चिंगारियां, घुटता धुआं, उड़ते शरर[73]

चटख़े-चटख़े से मकाँ, सुलगे हुए से बाम व दर[74]

हर तरफ हर सिम्त, हर बाजार हर बस्ती में जंग[75]

मा'रिकः[76] दोश-ए-हवा[77] पर दामन-ए-पस्ती[78] में जंग

होटलों, स्टेशनों में मा'रिकः राहों[82] में जंग

थियेटरों मे, कालिजों में, तरबियत गाहों[83] में जंग

कोठरियों में, घरों में जंग, मैदानों में जंग

कारखानों में, दुकानों में, शिफ़ाख़ानों[84] में जंग

नाज़ियत की इस बला[85] इस सैल[86], इस तूफान में

मो'जज़:[87] हैं इश्तिराकियत का रूसी जुर्अतें[88]

35. सीमा 36. अत्याचार
37. विकास
38. पशु 39. लुटरे
40. खाली हाथ 41. नाज़ो अदा
42. सामने
43. कला एंव ज्ञान के दाता
44. मानवता के आकाश पर
45. धातु 46. सत्यता
47. भूमि 48. ओर
49. चाहे 50. लूटमार
51. भूकम्प 52. शोर
53. वर्बरता 54. अन्याय
55. घृणा 56. अत्याचार
57. जहाज
58. मक्कारी 59. बहाने
60. रक्तपात 61. धोखा
62. मक्कारी 63. नरक जैसी आग 64. आतंक 65. शैतानी
66. पथ 67. जीवन का अन्तिम क्षण 68. गुहारन
69. दबदबा 70. आक्रमण
71. हिंसाएं 72. गढ़, प्राचीर
73. चिंगारियां 74. छत व द्वार 75. युद्ध 76. रणक्षेत्र
77. हवा के कंधेपर
78. पिछड़ापन ---
82. पथ
83. दीक्षा केन्द्र
84. अस्पताल
85. परीशानी
86. प्रवाह 87. चमत्कार
88. हिम्मत

लड़ रही हैं सुर्ख़ फ़ौजें सर हथेली पर लिए
टूट कर बंधते हैं बंध कर टूटते हैं मोर्चे
भाग कर जमते हैं जमकर भागते हे सूरमा[89]
झूलता है आग के पैंगों में मैदान-ए-वफ़ा
यूं लुटेरों पर फटे पड़ते है रूसी बेखतरे[90]
आग जैसे दोडती है कौंद कर पैट्रोल पर
ले वह छूटे जी वह उखड़े पांव वह टूटा हिसार[91]
ले वह फेंके असलहे[92] वह भाग निकले हीलाकार[93]
वह फटे बादल धुएं के वह झुका ज़ुल्मत का सर[94]
लाल परचम[95] तिलमिलाया[96] वह फिज़ा[97] के दोश[98] पर
हाँ वह गूंजी हाँ वह छाई फ़तह व आज़ादी की लै
देख यह जुर्अत, यह पामर्दी[99] यह इस्तिक़्लाल[100] है।।

89. महान लोग
90. निर्भय
91. प्रतिबन्ध 92. शस्त्र
93. पाखण्डी
94. अंधकार हीनता
95. झण्डा 96. बिलबिलाना
97. वातावरण, माहौल
98. कंधा
99. वीरता 100. सुदृढ़

गवर्नर की स्पेशल

1

स्पेशल[1] है यह गवर्नर की दुरूस्त[2] लेकिन स्टेशन पे पहरा किस लिये
इक नज़र आक़ा[3] को हम भी देखते हम हैं महरूम-ए-तमाशा[3] किस लिये

खिड़कियाँ क्यों बन्द हैं परवर दिगार[4] तंग है दामन-ए-जलवा[5] किस लिए
क्यों बड़े बाबू हैं इतने बदहवास[6] हो रहा है ज़र्द[7] चेहरा किस लिए

क्यों यह संगीनें, यह भाले यह पुलिस हम गुलामों से है खतरा किस लिए
क़ातिलों[8] की बदज़नी[9] मशहूर है हम से डरता है मसीहा[10] किस लिए

2

हाकिम-ओ-महकूम[11] तो हैं जिस्म व जाँ[12] जिस्म व जाँ में बैर[13] इतना किस लिए
दूसरी गाड़ी के जिसमें हैं, अवाम उस के इंजन को है सकता[14] किस लिए

क्यों नहीं स्टीम में आता उबाल सर्द[15] है एक एक पुर्ज़ा किस लिए
जा रहे हैं कुछ सिपाही जंग[16] पर उन ग़रीबों को है रोका किस लिए

उफ वोह तिफ़्ल-ए-बेख़िरद[17] क्यों पिट गया झांक लेना जुर्म ठहरा किस लिए
क्यों उबाले जा रहे हैं हम ग़रीब खिड़कियों पर है यह पर्दा किस लिए

यह जमाने हर्ब[18] और यह स्पेशल कोयला फुँकता है इतना किस लिए
काम शायद अब नहीं फ़ौलाद[19] का वर्ना फिर यह सर्फ़े बेजा[20] किस लिए

आ गया क़ानून को "कैफ़ी" जलाल[21]
तुमने इन भेदों को पूछा किस लिए

---

1. विशेष 2. सही 3. तमाशे से बंचित होना 4. ईश्वर 5. मैदान की शोभा, कांति 6. परेशान 7. परेशान, दुखी 8. हत्यारा 9. नाराज़गी 10 मसीहा 11. शासक व प्रजा 12. आत्मा व शरीर 13. दुश्मनी 14. चुप्पी 15. ठण्ड 16. युद्ध 17. अबोध बालक 18. संसार युद्ध 19. लौहा 20. अपव्यय 21. तेज, प्रताप

बेकार मज़दूर

(सरमायादारों[1] की नज़र में)

ज़ोर हड़ताल का बढ़ता ही चला जाता है
ज़ंग आलात[2] पे चढ़ता ही चला जाता है

अलअमाँ[3] शोर बिलकते हुए मज़दूरों का
चिमनियाँ सर्द[4] ग्राण्डील[5] कलें हैं ख़ामोश
ज़र्द[6] चेहरों पे मचलता है इरादों का जलाल[7]
गर्म नारों से उबलता है मक़ासिद[8] का खुरोश[9]
यह सुलगती हुई नज़रें, यह दहकते तेवर[10]
यह गरजता हुआ गुस्सा यह बरसता हुआ जोश

लाल झण्डे के तले झूमते बल खाते हैं
गूँजते आहनी[11] फाटक पे चढ़ आते हैं

2

ज़ोर हड़ताल का बढ़ता ही चला आता है
ज़ंग आलात पे चढ़ता ही चला आता है

कारख़ाना यह हमारा है, हमारी हैं यह कलों - इनका हक़[12] क्या है ख़रीदे हुए मज़दूर हैं यह
बढ़ न जायें कहीं मैदान तरक्की में हरीफ़[13] - यह कहाँ सोचने का वक़्त के रंजूर[14] हैं यह
गोलियों से न झिझकते हैं न संगीनों से - अपनी तंज़ीम[15] पे तहरीक[16] पे मग़रूर[17] हैं यह

गोलियों से न सही भूख से मारो इन को
इन की खोदी हुई क़बरों में उतारो इन को

3

ज़ोर हड़ताल का बढ़ता ही चला जाता है
ज़ंग आलात पे चढ़ता ही चला जाता है

दो नये पास, लिखो नाम नये, खोल दो कुफ़्ल[18]
बढ़ के तालीम[19] दो अख़लाक़[20] की दरबानों[21] को
बा रहा[22] जो उसी चौखट से गये हैं महरूम[23]
दो सदा[24] प्यार से उन ग़मज़दा[25] इन्सानों को
भूखी मौजों के थपेड़ों से दबेगी यह सील
तश्नःगर्दाब[26] निगल जायेंगे तूफ़ानों को

काम होते हुए भी काम न था जिनके लिए
ठोकरें उन को खिलाई हैं उसी दिन के लिए

4

ज़ोर हड़ताल का बढ़ता ही चला जाता है
ज़ंग आलात पे चढ़ता ही चला जाता है

जल्द अब चाहिए ऐलान अब नई भर्ती का
जैसे कमबख़्तों ने मजबूर बना रखा है
झोंक दो इन को जहन्नुम[27] में बुलाओ उन को
जिन को मेहरूमी-ओ-गुर्बत[28] ने सता[29] रखा है
अपनी मेहनत पे यह फूले हैं इन्हें क्या मालूम
हमने कितनों को शिकंजों[30] में फंसा रखा है

कल के मा'तूब[31] सज़ावार[32] अब इकराम[33] के हैं
या'नी बेकार ही मज़्दूर बड़े काम के हैं

---

1. पूँजीवादी 2. युद्ध सामग्री 3. त्राहि, उफ़ 4. ठण्डी 5. बडी बडी मशीनें 6. पीला 7. तेज, प्रताप 8. उद्देश्य 9. कोलाहल, शोर 10. रूप 11. लोह का 12. अधिकार 13. दुश्मन 14. दुखी 15. समिति 16. आन्दोलन 17. घमण्डी 18. ताला 19. शिक्षा 20. शिष्टाचार 21. पहरेज़र 22. अनेक बार 23. वंचित 24. सदैव 25. दुखी 26. प्यासे भँवर 27. नरक 28. दरिद्रता 29. परेशान 30. फँदा 31. निरस्कृत, लताड़ा हुआ 32. दोषी 33. प्रतिष्ठा

'गुमराह वली अहद'

यह चमन, यह खेते, यह जंगल, यह सहरा[1], यह ज़मीं
मिल्कियत[2] है नौ-ए-इंसाँ[3] की ब फ़तवाये[4] यक़ीं
उन पे क़ब्ज़ा[5] देख कर झुकती है ग़ैरत[6] से जबीं[7]
लूट का अजदाद[8] की यह फल है और कुछ भी नहीं
इस सितम[9] इस लूट की दिल ताब[10] ला सकता नहीं
मुहतरम! बारे विरासत[11] मैं उठा सकता नहीं
यह इमारत, यह महल, यह क़स्र[12] यह दौलतसरा[13]
जो गरीबों और किसानों के लहू[14] से है बना
कितने घर लूटे गये जिस दिन पड़ी उस की बिना[15]
जिनके मरने की नहीं जा, आह वोह बे आसरा[16]
इस महल में रह के दिल आराम पा सकता नहीं
मुहतरम! बारे विरासत मैं उठा सकता नहीं
यह रियासत[17] जिस का इस्तेहसाल[18] से चलता है काम
हाकिमाने वक़्त[19] की ठोकर में है जिस का निज़ाम[20]
आह जब मैहरूम इंसानों पे हो जीना हराम
आह जब रोटी के टुकड़े को तरसते हों अवाम
लालची हुक्काम[21] को दावत खिला सकता नहीं
मुहतरम! बारे विरासत मैं उठा सकता नहीं
यह पुराने तज़करे[22] यह ख़ानदानी इक़्तेदार[23]
हैर[24] मैं ढाली शराफ़त जुल्म का बाला वकार[25]
ज़ोर पे क़ायम हुकूमत ख़ून में डूबी बहार
सूफ़ियाना[26] पाकबाजी,[27] ताजिरानः इन्किसार[28]
इस फ़िज़ा[29] में सोने वाला कनमना[30] सकता नहीं
मुहतरम! बारे विरासत मैं उठा सकता नहीं
इक तरफ़ यह रंगरेलियाँ यह अमारत[31] की बहार
शेरो नग़मा[32] जामो मीना[33] सैरे बाग़ो कोहसार[34]
एक तरफ़ महरूम इंसाँ मुर्दा दिल सीनाफ़िगार[35]
ग़म गज़ीदा[36] हुज़्नदीदः[37], आह बर लब,[38] अश्कबार[39]
इस तज़ादे ज़ीस्त[40] की कुव्वत[41] बढ़ा सकता नहीं
मुहतरम! बारे विरासत मैं उठा सकता नहीं

1. मरूस्थल 2. सवामित्व 3. मानव 4. पूर्णविश्वास के साथ 5. अधिकार 6. शम 7. मस्तक, सर 8. पूर्वज 9. अत्याचार 10. सामर्थ्य, शक्ति 11. उत्तराधिकार 12. भवन 13. बड़े लोगों का घर 14. रक्त, खून 15. आधार, नींव 16. जिसका सहारा न हो अर्थात् बेसहारा

17. देश 18. शोषण 19. उस समय के सम्राट 20. प्रशासन

21. अधिकारी गण

22. वर्णन 23. शासन, सत्र 24. विस्मय 25. प्रतिष्ठा का उच्च होना 26. बाज़ार जैसा ओढ़ा 27. पवित्रता 28. व्यापारिक नम्रता 29. वातावरण 30 हिचकना

31. धन 32. शेर-ओ-शायरी 33. शराब-ओ-प्याला 34. पहाड़ व उद्यान 35. टूटे हुए 36. दुखी 37. दुख से व्याकुल 38. मुख पर हाया 39. अश्रुआँ से पूर्ण 40 जीवन के प्रतिकूल 41. शक्ति

हर तरफ़ अद्‌बार[42] के तूफान है सैलाब[43] हैं
भूक है, बीमारियाँ हैं, मौत के गर्दाब[44] हैं
जाँ ब लब[45] इंसाँ वुफूर-ए-कर्ब[46] से बेताब है
कितने दिल मजरूह[47] कितनी अँखुड़ियाँ पुर आब[48] हैं
आँसुओं की इस झड़ी में मुस्करा सकता नहीं
मुहृतरम! बारे विरासत मैं उठा सकता नहीं
अब मिटालुँगा न जब तक में यह फ़र्सूदा निज़ाम[49]
मुझे पे हैं आराम ओ राहत ऐशो इशरत[50] सब हराम
मेरी पुश्ती[51] पर हैं मुफ़्लिस[52] मेरे साथी हैं अवाम
उस ख़जाने, उस हुकूमत, उस रियासत को सलाम
अपनी ख़ातिर फ़र्जे इंसानी[53] भुला सकता नहीं
मुहृतरम! बारे विरासत में उठा सकता नहीं।

42. पतन 43. बाढ़
44. भँवर
45. मरियल, अन्तिम क्षण 46. अधिक कष्ट
47. घायल 48. जलमग्न
49. बेकार शासन
50. ऐश्वर्य
51. पीछे 52. दरिद्र निर्धन
53. मानवीय कर्त्तव्य

"मुग़ालतः"[1]

आप के तजुर्बे[2] दुरूस्त[3] आप में ख़िज़रे दम[4] कहाँ
जादः[5]-ए-ज़िन्दगी कहाँ सहमे हुए क़दम कहाँ

राहबरी[6] को छोड़िये साथ भी चल सकेंगे आप
लौह बदन[7] में अब नहीं सांचे में ढ़ल सकेंगे आप
तुन्द[8] भंवर से खाके बल कैसे निकल सकेंगे आपे
मौज के दोश[9] पर क़दम रख के उछल सकेंगे आप

अबरे जवाँ[10] है ज़िन्दगी सैले खाँ[11] हैं ज़िन्दगी
जोशे निहाँ[12] है ज़िन्दगी बर्क़-ए-तपां[13] है ज़िन्दगी
मौज़ क़दम है ज़िन्दगी जस्ते कुनाँ[14] है ज़िन्दगी
कल थी कहाँ ज़ियाफ़रोश[15] आज कहाँ है ज़िन्दगी

राह नई ज़मीं नई जादः[16] नया फ़िजा[17] नई
फ़स्ल नई, समाँ नया दौर नया हवा नई
ज़ींस्त[18] की हर नज़र नई ज़ीस्त की हर अदा नई
गूँज नई, तड़प नई जोश नया सदा[19] नई

आय तो याद कीजिये आप कहाँ से आये हैं
अपने सलफ़[20] के नक़्श-ए-पा[21] ठोकरों से मिटाये हैं
ताके हयात[22] से तमाम माज़ी[23] के बुत गिराये हैं
सारे क़दीम[24] मोर्चे तोड़ दिये हैं ढाये हैं

है यही हुक्म ज़ीस्त के राज़दाँ[25] हैं हम
आप खाँ दवाँ[26] थे कल आज खाँ दवाँ हैं हम
अक़्ल जवाँ, अमल जवाँ, जोश जवाँ जवाँ हैं हम
आप का ज़ेह्न [27] भी कहाँ आ न सका वहाँ है हम

आप न हम को राकिये आप की है सदा ज़ईफ़[28]
आप की पुख़्तगी[29] ज़ईफ़ आप का तजुर्बा ज़ईफ़

आप की राहबरी ज़ईफ़, आप का रास्ता ज़ईफ़ आप के ज़हन ओ दिल ज़ईफ़ आप के दस्त व पा[30] ज़ईफ़

यह जो सदी[31] है अपनी है यह सदी आप की नहीं अक़्ल की पुख़्तगी सही अक़्ल में ताज़गी नहीं
जादः-ए-इर्तिक़ा[32] है यह खेल नहीं, हंसी नहीं कल की पिटी हुई लकीर आज के काम की नहीं

आप को हैं मुग़ाल्ते[33] अक़्ल बढ़ाईएगा क्या आप की आँख बंद है हम को जगाईएगा क्या
खुद जो सबक़ पढ़ा नहीं उस को पढ़ाईएगा क्या देखिये गर्द-ए-कारवाँ[34] राह दिखाईएगा क्या

आप के तजुर्बे दुरूस्त आप में ख़िज़्रे दम कहाँ
जादः-ए-ज़िन्दगी कहाँ सहमे हुए क़दम कहाँ

1. भ्रम 2. अनुभव 3. सही, उचित 4. खिज़्रजेसा दम 5. पथ 6. मार्ग दर्शन 7. लौह शरीर पैग़म्बर ख़िज़्र जैसी शक्ति 8. तीब्र 9. कांधा 10. मस्त बादल 11. बाढ़ के प्रवाह के समान 12. छिपा हुआ जोश 13. बिजली के से ताप की तरह 14. खुशी की छलांग 15. प्रकाश देने वाली 16. पथ 17. वातावरण 18. जीवन 19. ध्वनि 20. पूर्वज 21. पैरों के चिन्ह 22. जीवन 23. प्राचीन (भूतकाल में) 24. प्रचीन 25. मर्मज्ञ, रहस्य जानने वाला 26. तेज़ी से जाता हुआ 27. बुद्धि, समझ 28. वृद्ध, बूढ़ी 29. पक्के अनुभव 30. हाथ पाँव 31. शताब्दी 32. विकास पथ 33. भ्रम 34. भावी दल की धूल

तुलूअ आगही[1]

(शाहराह[2]-ए-आज़ादी[3] की तरफ़)

1. सूचना का उदय
2. मार्ग
3. स्वतन्त्रता

"आख़िर-ए-शब"[1]

1. अन्तिम रात

नई सुबह

यह सेहत बख़्श तड़का यह सहर[1] की जलवा सामानी[2]
उफ़ुक़[3] सारा बना जाता है दामाने चमन[4] जैसे
छलकती रोशनी तारीकियों[5] पर छाई जाती है
उढ़ाये नाज़ियत[6] की लाश पर, कोई कफ़न जैसे
उबलती सुर्ख़ियों की ज़द पे हैं हल्के स्याही के
पड़ी हो आग में बिखरी गुलामी की रसन[7] जैसे
शफ़क़[8] की चादरें रंगीं फ़िज़ा में थरथराती हैं
उड़ाये लाल झण्डा इश्तरा की अँजुमन[9] जैसे
चली आती है शर्माई लजाई हूर-ए-बेदारी[10]
भरे घर में क़दम थम थम के रखती है दुल्हन जैसे
फ़िज़ा गूँजी हुई है सुबह के ताज़ा तरानों से
सुरोद-ए-फ़तूह[11] पर हैं सुर्ख़ फ़ौजें नग़माज़न[12] जैसे
हवा की नर्म लहरें गुदगुदाती है उमंगों को
जवाँ जज़्बात से करता हो चोहलें बाँकपन[13] जैसे
यह सादा सादा गर्दूं[14] पर तबस्सुम ऑफरीं सूरज[15]
पिया पे कामयाबी से हो इस्तालिन मगन जैसे
सहर के आईने में देखता हूँ हुस्न-ए-मुस्तक़्बिल[16]
उतर आई है चश्मे शौक़ में "कैफ़ी" किरन जैसे

1. प्रातः 2. दर्शनीय
3. आकाश 4. चमन का दामन
5. अंधकार
6. रूसी शासन
7. रस्सी
8. लालिमा
9. मार्क्सवादी समितियां
10. हूर जैसी, चेतना
11. सफलता का राग 12. गाती हुई
13. नाज़-ओ-अदा
14. आकाश 15. धन्य
16. भविष्य

तज्दीद

तलातुम[1], वलवले[2] हैजान[3] अरमान[4]
सब उस के साथ रूख़सत[5] हो चुके थे
यक़ीं[6] था अब न हंसना है न रोना
कुछ इतना हंस चुके थे रो चुके थे

1. आवेग, तरंग 2. उमंग 3. आवेश 4. अभिलाषा
5. विदा
6. विश्वास

किसी ने आज इक अँगड़ाई लेकर
नज़र में रेशमी गिरहें[7] लगा दीं
तलातुम, वलवले, हैजान, अरमान
वही चिंगारियाँ फिर मुस्करा दीं

7. गाँठें, गुत्थियाँ

हौसलः

तू ख़ुर्शीद[1] है बादलों में न छुप
तू महताब[2] है जगमगाना न छोड़
तू शोख़ी[3] है शोख़िये रिआयत[4] न कर
तू बिजली है बिजली जलाना न छोड़
अभी इश्क़ ने हार मानी नहीं
अभी इश्क़ को आज़माना न छोड़

1. सूर्य
2. चन्द्रमा
3. चंचलता 4. चंचलपन न छोड़ना

तबस्सुम

इक कली नूर दीदअे गुलज़ार[1] गौहर-ए-शब[2] चिराग़े बाग़-ओ-बहार[3]
नरम, नाज़ुक[4] शगुफ़्ता[5] लालागूँ[6] शोख़[7] मासूम[8] बेज़बाँ तर्रार[9]
मुझ पे रंगीनियाँ लुटाती थी

लुत्फ़े नज़्ज़ारगी[10] मिटा ही दिया मैंने दस्ते तलब[11] बढ़ा ही दिया
पंखुड़ी में निहाँ[12] थी चिंगारी हाथ जिसने मिरा जला ही दिया
और कली मुझ पे मुस्कराती थी

1. उद्यान दर्शन
2. रात का मोती
3. बाग़ का आनन्द
4. कोमल
5. खिला हुआ, प्रसन्न
6. सुन्दर
7. चंचल
8. कोमल
9. तीव्र
10. दृश्य
11. हाथ बढ़ाना
12. छिपी हुई

'नर्सों की मुहाफ़िज़'[1]

1. रक्षक

जवानी अपनी गुज़ारी है किस तरह तूने
के अब हर उठती जवानी से बदगुमान[2] है तू
यह फ़र्दे जुर्म[3] किसी और की ज़वाँ ये नहीं
खुद अपने एहदे गुज़िश्ता[4] की तर्जुमान[5] है तू

2. भ्रमित
3. दोषारोपण
4. गत, पिछली

वह चेहरे जिनमें फुरोज़ाँ[6] है इस्मत-ए-मरियम[7]
तू उन पे अपने गुनाहों का अक्स[8] डालती है
तेरा ज़मीर[9] तीरः,[10] माहो नजूम[11] नहीं
माहो नजूम पे तू तीरगी[12] उछालती है

5. सजग प्रहरी, प्रतीक 6. प्रकाशित, दीप्तिमान
7. मरियम का सा सतीत्व 8. परछाई
9. आत्मा 10. अंधकारमय 11. चांद तारे
12. अन्धकार

मिटा दिया तेरे चेहरे की झुर्रियों ने जिसे
तू उस निखार की अब ताब ला नहीं सकती
हँसी को जुर्म समझने का यह सबब[13] तो नहीं
के अब हंसी तेरे होंटो पे आ नहीं सकती

बिठा तो दिये हैं पहरे क़दम क़दम पे मगर
झिझक के चलने में लग़्ज़िश[14] ज़रूर होती है
गुनाह होते हैं दाख़िल वहीं से फ़ितरत[15] मैं
जवानी अपना जहाँ एतिबार[16] खोती है

13. कारण
14. विचलन, भूल
15. प्रकृति
16. विश्वास

यह तिललियाँ जिन्हें मुठ्ठी में भींच रखा है
जो उड़ने पायें तो उल्झें कभी न ख़ारों[17] से
तेरी तरह कहीं यह भी न बुझ के रह जायें
तपिश[18] निचोड़ न इन नाचते शरारों[19] से

17. काँटे
18. गर्मी
19. अंगारे, चिंगारी

"नग़मगी"[1]

यह रात की ख़ामोशियाँ यह हॉय रामा की पुकार
जैसे सुकूते शाम[2] की गोदी में तड़पे आबशार[3]
किरनों के निश्तर[4] छू रहे हैं या रगे[5] अबरे बहार[6]
थर्रा उठे हस्ती के तार
ऐ बिन्त-ए-मरियम[7] गुनगुना
ऐ जाने नग़मा गाये जा
आवाज़ तेरी जिस तरह जुगनू चमक जाये कोई
या सुबह की आग़ोश[8] में ग़ुँचा[9] चटक जाये कोई
मौजों के आईने में या मोती झलक जाये कोई
साग़र छलक जाये कोई
ऐ बिन्ते मरियम गुनगुना
ऐ जाने नग़मा गाये जा
या ज़ेरे दामाने[10] उफुक छोटी अचानक फुलझड़ी
या दस्ते साक़ी[11] काँप उठा और गुलाबी गिर पड़ी
या इक जवाँ अंगडाई ने बिखरादी मोती की लड़ी
बरद्दी सी दिल में आ गड़ी
ऐ बिन्ते मरियम गुनगुना
ऐ जाने नग़मा गाये जा
या बज रही हो झुटपुटे में मन्दिरों की धण्टियाँ
या मुँह अंधेरे दूर से आती हो आवाज़े अज़ाँ
या बन्द कर दे झेंप कर ख़ल्वत[12] की कोई ख़िड़कियाँ
और बज रही हों चूड़ियाँ
ऐ बिन्ते मरियम गुनगुना
ऐ जान नग़मा गाये जा
जैसे शगूफ़ों[13] में समाकर गुनगुनाती है हवा
जैसे ख़ला[14] में रात को घूँघरू बजाती है घटा
जैसे किसी दोशिज़ा[15] के दिल के धड़कने की सदा[16]
ज़िंदा रहे नग़मा तेरा
ऐ बिन्ते मरियम गुनगुना
ऐ जाने नग़मा गाये जा

1. संगीत
2. शाम की ख़ामोशी
3. झरना
4. ज़ख्म चीरने का औज़ार 5. रग, नाड़ी 6. बहार के बादल
7. मरियम की पुत्री
8. अंक, गोद 9. कली
10. आकाश के दामन में
11. शराब पिलाने वाला
12. एकान्त
13. कलियों में
14. अन्तरिक्ष
15. वयौनना, कामिनी 16. ध्वनि

फिर हो चला है दिल सुबुक[17] नग़मों में दिल को तोल दे
फिर तल्ख़ी-ए-अहसास[18] में आवाज़ का रस घोल दे
फैला है दामन[19] देर से थोड़े से मोती रोल दे
सांसो की गिरहें[20] खाले दे
ऐ बिन्ते मरियम गुनगुना
ऐ जाने नग़मा गाये जा

17. हल्का दिल, मन
18. कड़वे अनुभव
19. गोद
20. ग्रन्थि

"तुम"

शगुफ़्तगी[1] का, लताफ़त[2] का शाहकार[3] हो तुम
फ़क़त[4] बहार नहीं हासिले बहार हो तुम
जो एक फूले में है क़ैद वह गुलिस्ताँ[5] हो
जो इक कली में है पिनहाँ[6] वोह लालः ज़ार[7] हो तुम
हलावतों[8] की तमन्ना, मलाहतों[9] की मुराद[10]
ग़ुरूर कलियों का, फूलों का इन्किसार[11] हो तुम
जिसे तरंग में फ़ितरत[12] ने गुनगुनाया है
वोह भैरवीं हो, वो दीपक हो, वोह मल्हार हो तुम
तुम्हारे जिस्म में ख़्वाबीदा[13] हैं हज़ारों राग
निगाह छेड़ती है जिस को वोह सितार हो तुम
जिसे उठा न सके जुस्तुजू[14] वोह मोती हो
जिसे न गूँध सके आरजू[15], वह हार हो तुम
जिसे न बूझ सके इश्क़, वह पहली हो
जिसे समझ न सके प्यार भी, वह प्यार हो तुम
ख़ुदा करे किसी दामन[16] में जज़्ब[17] हो न सकें
यह मेरे अश्क-ए-हसीं[18] जिन से आशकार[19] हो तुम।

1. ताज़गी 2. मज़ेदारी का 3. प्रतिरूप
4. माम, केवल
5. उद्यान, बाग
6. छिपा हुआ
7. सुन्दरता
8. मिठास 9. मनोहरता 10. फल
11. नम्रता
12. प्रकृति
13. सोई हुई
14. जिज्ञासा
15. इच्छा
16. अंक, गोद 17. खुश्क
18. हंसी के आँसू 19. परिचित

"तसव्वुर"[1]

यह किस तरह याद आ रही हो यह ख़्वाब[2] कैसा दिखा रही हो
कि जैसे सचमुच निगाह के सामने खड़ी मुस्करा रही हो
यह जिस्म-ए-नाज़ुक[3], यह नरम बाँहें, हसीन गर्दन सुडौल बाज़ू
शगुफ़्ता चेहरा, सलोनी रंगत, घनेरा जोड़ा, सियाह गेसू[4]
नशीली आँखें, रसीली चितवन, दराज़[5] पलकें, महीन अबरू[6]
तमाम शोख़ी[7], तमाम बिजली, तमाम मस्ती, तमाम जादू
हज़ारों जादू जगा रही हो
यह ख़्वाब कैसा दिखा रही हो
गुलावी लब, मुसकराते आरिज़[8], जबीं कुशादा[9], बुलन्द क़ामत[10]
निगाह में बिजलियों की छलबल, अदाओं में शबनमी लताफ़त[11]
धड़कता सीना, महकती सांसें, नवा[12] में रस, अँखुड़ियों में अमृत
हमः हलावत[13], हमः मलाहत[14], हमः तरन्नुम, हमः नज़ाकत
लचक लचक गुनगुना रही हो
यह ख्वाब कैसा दिखा रही हो
तो क्या मुझे तुम मना ही लोगी गले से अपने लगा ही लोगी
जो फूल जूड़े से गिर पड़ा है तड़प के उस को उठा ही लोगी
भड़कते शोलों, कड़कती बिजली से मेरा ख़िर्मन[15] बचा ही लोगी
धनेरी ज़ुल्फ़ों की छाँव में मुस्करा के मुझ को छुपा ही लोगी
के आज तक आज़मा[16] रही हो
यह ख़्वाब कैसा दिखा रही हो
नहीं मुहब्बत की कोई क़ीमत जो कोई क़ीमत अदा करोगी
वफ़ा की फुर्सत ने देगी दुनिया हज़ार अज़्मे वफ़ा[17] करोगी
मुझे बहलने दो रंजो ग़म[18] से सहारे कब तक दिया करोगी
जुनूँ को इतना न गुदगुदाओ पकड़ लूँ दामन तो कया करोगी
क़रीब बढ़ती ही आ रही हो
यह ख़्वाब कैसा दिखा रही हो

1. कल्पना
2. सपना
3. कोमल शरीर
4. बाल
5. लम्बी 6. भृकुटी
7. चंचलता
8. गाल 9. फैली हुई
10. कद 11. ओस जैसी चंचलता 12. आवाज़
13. समस्त माधुर्य
14. मनोहरता
15. खलियान
16. परखना
17. वायदे
18. दुख दर्द

"मुलाक़ात"

कली का रूप फूल का निखर ले के आई थी
वोह आज कुल ख़ज़ाना-ए-बहार[1] ले के आई थी
जबीन-ए-ताबनाक[2] में खिली हुई थी चांदनी
वोह चांदनी में अक्स-ए-लालाज़ार[3] ले के आई थी
तमाम रात जागने के बाद चश्मे मस्त[4] में
यक़ीं का रस, उम्मीद का खुमार[5] ले के आई थी
गुलाबी अँखुड़ियों की सहरकारियों[6] में खन्दाज़न[7]
गुरूर-ए-फ़तह[8]-ओ-रंग एतिबार[9] ले के आई थी
वोह सादा सादा आरिज़ों[10] की शक्करें[11] मलाहतें[12]
मलाहतों में सुर्खी-ए-अनार[13] ले के आई थी
लब-ए-शगुफ़्ता[14] -ओ-हसीं गुद गुदी शराब की
शराब में घुले हुए शरार[15] ले के आई थी
दराज[16] जुल्फ़ में गुँधी हुई थी मालवे की रात
सियाह लटों में शामे बादाख्वार[17] ले के आई थी
वोह क़ामते बुलन्द[18] जैसे भैरवी की मस्त तान
वोह लोच जैसे मौजे जू-ए-बार[19] ले के आई थी
ख़िराम[20] जैसे पैंग लेती है नई जवानियाँ
क़याम[21] जैसे दौलत-ए-करार[22] ले के आई थी
मुज़ा मुज़ा[23] पे जगमगा रहे थे अख़्तरे उम्मीद[24]
पलक पलक पे शाम-ए-इंतिज़ार ले के आई थी
नफ़स नफ़स में नग़मा-ए-मसीह की हलावतें[25]
नज़र नज़र में मरियमी वक़ार[26] ले के आई थी
अदा अदा में खुसरवाना बांकपन[27] रचा हुआ
नुकूश-ए-पा[28] में ताजे शहरे यार ले के आई थी
हर एक लग़जिशे हसींन[29] सलोनापन लिए हुए
सलोने पन में सुबह कोहसार[30] ले के आई थी
वह गाती गुनगुनाती नौजवानी की ख़मोशियाँ
ख़मोशियों में वक़्त की पुकार ले के आई थी
बसन्ती साड़ी में छिपा हुआ सा वोह जवाँ बदन
जवाँ बदन पे रेशमी बहार ले के आई थी

1. बहार का ख़ज़ाना
2. दीप्तिमान मस्तक
3. फूलों की परछाई
4. मस्तानी आँखों में
5. नींद
6. जादू
7. हँसती हुई 8. सफलता का गर्व
9. भरोसा, विश्वास
10. गाल 11. मिठास 12. माधुर्य
13. अनार की सी लालिमा
14. खिले हुए ओंठ
15. चिंगारी
16. लम्बी
17. शराबी
18. उच्च शरीर
19. नहर
20. विचरण
21. ठहराव 22. प्रतिज्ञा की दौलत
23. पलक पलक 24. आशा का तारा
25. मिठास
26. प्रतिष्ठा, सम्मान
27. नाज़-ओ-अदा
28. पैर का निशान
29. विचलित हसीना
30. पहाड़

वोह संदलीं कलाईयाँ वोह सब्ज़ो सुर्ख[31] चूड़ियाँ
सुहाग ले के आई थी सिंगार ले के आई थी
पसीने की हर एक बूँद में थे ज़ूफ़िशाँ नजूम[32]
जबीं[33] पे जुगनुओं की इक क़तार ले के आई थी
चटक रही थी क़हक़हों[34] में हर सिंधार की कली
हंसी में नूर-ओ-रंग[35] की फुवार ले के आई थी
लहन रहे थे अँखुड़ियों में गुलिस्ताँ ही गुलिस्ताँ
निगाह में बहार ही बहार ले के आई थी
मेरी उजाड़ जिन्दगी की चिलचिलाती धूप में
वोह गेसुओं[36] का अबरे इत्र[37] बार ले के आई थी
जली जली[38] रविश[39] को दे रही थी मुज़दा-ए-नमू[40]
तपी तपी ज़मीं पे आबशर[41] ले के आई थी
उदास उदास ज़ीस्त[42] को सुना रही थी बाँसुरी
घुटे घुटे सुकूत[43] में सितार ले के आई थी
निगाह-ओ-दिन का ज़िक्र क्या पड़प के रूह[44] रह गयी
कुछ इस अदा से दावत-ए-क़रार[45] ले के आई थी

31. हरी लाल

32. तारों का बरसता प्रकाश
33. मस्तक
34. हँसी
35. चमक दमक

36. बालों 37. बालों की सुगन्ध
38. बड़ी बड़ी 39. परम्परा 40. खुशी को विकसित करना
41. झरना
42. जीवन
43. मौन रूप
44. आत्मा
45. प्रतिज्ञा का बुलावा

"नसीहत"[1]

ज़िन्दगी से गिराँ[2] जवानी है
रहम[3] अपने पे खाईए 'कैफ़ी'

देख कर अब कहीं घना साया
आप भी बैठ जाईये 'कैफ़ी'

जज़्बा-ए-रहम[4] उभार देता है
है अजब चीज़ दौरे-ए-इश्रत[5] भी

याद अहद-ए-वफ़ा[6] भी है तेरा
याद रखूँगा यह नसीहत भी

1. उपदेश
2. सस्ती, हल्की
3. दया
4. दया का प्रभाव
5. सम्पन्नता का दौर
6. वफ़ा का संकल्प

"एहतियात"[1]

1. सावधानी

अब तुम आग़ोशे तसव्वुर[2] में भी आया न करो
मुझ से बिखरे हुए गेसू[3] नहीं देखे जाते
सुर्ख आँखों की क़सम, काँपती पलकों की क़सम
थर थराते हुए आँसू नहीं देखे जाते

2. कल्पना के रूप में
3. बाल

अब तुम आग़ोशे तसव्वुर में भी आया न करो
छूट जाने दो जो दामाने वफ़ा[4] छूट गया
क्यों यह लग़ज़ीदा[5] ख़िरामी[6] यह पशेमाँ[7] नज़री
तुमने तोड़ा तो नहीं रिश्ता-ए-दिल टूट गया

4. वफ़ा का दामन
5. विचलित 6. विचरण 7. लज्जित

अब तुम आग़ोशे तसव्वुर में भी आया न करो
मेरी आहों से यह रूख़सार[8] न कुम्हला जायें
ढूँढती होगी तुम्हें रस में नहाई हुई रात
जाओ कलियाँ न कहीं सेज[9] की मुरझा जायें

8. गाल
9. उपवन

अब तुम आग़ोशे तसव्वुर में भी आया न करो
मैं उस उजड़े पहलू में बिठा लूँ न कहीं
लबे शीरीं[10] का नमक आरिज़े नमकीं[11] की मिठास
अपने तरसे हुए होंटों में चुरा लूँ न कहीं

10. मीठे होंठ
11. नमकीन गाल

अब तुम आग़ोशे तसव्वुर में भी आया न करो
तुम को यह रस्म भी दुनिया न निभाने देगी
बढ़ के दामन से लिपट जायेगी यूँ ताज़ा बहार
मेरी आग़ोशे तसव्वुर में न आने देगी।

"फैसला"

क़दम रात के डगमगाते नहीं
हमारे कमल मुस्कराते नहीं
कभी राह मंज़िल की पाते नहीं
लहू[1] से जो मशअल[2] जलाते नहीं

शरर[3] हुर्रियत[4] के भड़कने लगे
बयाबाँ[5] में गुलशन[6] लहकने लगे
हजारों ख़ज़फ़[7] भी चमकने लगे
सितारे यहाँ जगमगाते नहीं

गुलामी से सब गरम-ए-पैकार[8] हैं
यहाँ ख़नाजंगी[9] के आसार[10] है
अभी अपने दामन में कुछ तार हैं
अभी तौक़[11] पर हाथ जाते नहीं

बड़ी आरजू[11] थी बड़ी आस थी
कहा था के हम फिर मिलेंगे कभी
ज़रा पूछता लीड़रों से कोई
वह वायदे तुम्हें याद आते नहीं

न जोश-ए-अमल[12] है न सोज़े यक़ीं[13]
बदलती है ख़्वाबों से क़िस्मत[14] कहीं
उलटते हैं अपनों पे जो आस्तीं
वोह दुश्मन से आँखें मिलाते नहीं

निगाहों में पेचीदा[15] है इज़्तिराब[16]
झलकता है चेहरों से सोज़े इताब[17]
तड़पते हैं अपनी हदों में हिजाब
बहम[18] होके तूफ़ाँ उठाते नहीं

निगाहों में अर्जुन का है तीर भी
है क़ब्ज़े में टीपू की शमशीर भी
बाईं[19] शाने गर्दन में जंजीर भी
मुरक़्क़े[20] यह अब देखे जाते नहीं

बदलता चला जा रहा है जहाँ
झिझकने ठिठकने की फुर्सत कहाँ
क़दम खुद बढ़ाता है अब कारवाँ[21]
अगर राहबर[22] राह पाते नहीं

1.खून 2. दीपक 3. चिंगारी 4. स्वतन्त्रता 5. जंगल 6. बाग़ 7. ठीकरा 8. अप्रसन्न, कुद्ध 9. अन्तर्युद्ध 10. लक्षण 11. हार 11. अभिलाषा 12. जोरदार प्रयास 13. विश्वनीय चिन्ता ताप, 14. भाग्य 15. उल्झी हुइ 16. बेचैनी 17. तापीय प्रकोप 18. आपस में, मिलकर 19. जैसे इस 20. प्रतिरूप 21. दल 22. पथ प्रदर्शक

"तलाश"

(क़िला अहमद नगर जहाँ काँग्रेसी रहनुमा नज़रबंद थे)

यह बुझी सी शाम, यह सहमी हुई परछाईयाँ
ख़ूने दिल भी इस फ़िज़ा[1] में रंग भर सकता नहीं
आ उतर आ काँपते होठों पे ऐ मायूस[2] आह
सक़्फ़े ज़िन्दां[3] पर कोई परवाज़[4] कर सकता नहीं
झिलमिलाये मेरी पलकों पर महो ख़ोर[5] भी तो क्या?
इस अंधेरे घर में इकतारा उतर सकता नहीं।

लूट ली ज़ुल्मत[6] ने रू-ए-हिन्द[7] की ताबिंदगी[8]
रात के काँधे पे सर रख कर सितारे सो गये
वोह भयानक आँधियाँ, वोह अबतरी[9], वोह ख़ल्फ़िशार[10]
कारवाँ[11] बे राह[12] हो निकला, मुसाफ़िर खो गये
हैं इसी ऐवाने बेदर[13] में यक़ीनन रहनुमा[14]
आके क्यों दीवार तक नक़्शे क़दम गुम[15] हो गये

देख ऐ जोशेअलम[16] वोह सक़्फ़[17] यह दीवार है
एक रोज़न[18] खोल देना भी कोई दुश्वार[19] है

1. वातावरण
2. हताश, निराश
3. जेल की छत
4. उड़ान
5. चांद सूरज
6. अन्धेरा 7. भारत भूमि
8. दीप्तिमान, आलोक
9. पतन, दुर्दशा 10. झंझट
11. दल 12. पथ भ्रष्ट
13. बेघर 14. पथ प्रदर्शक
15. खो गये
16. उत्साह के साथ अमल
17. छत 18. रोशनदान
19. कठिन

"कब तक"

इक सिपाही को पहना दी गई आख़िर ज़ंजीर
है तो बेदाद[1] मगर यह नई बेदाद नहीं
इसी ज़ंजीर में जकड़े हुए हैं कितने रशीद
नाम भी जिनका हमें पूरी तरह याद नहीं

चढ़ के फाँसी पे उतर आया है सहगल सदशुक्र[2]
कितने सहगल इसी फाँसी पे मगर झूल गये
उन शहीदों का था हर क़तरा-ए-खूँ[3] शाहनवाज़
रफ़्ता रफ़्ता[4] जिन्हें अरबाबे वतन[5] भूल गये

जाने हम रहम की दरख़्वास्त[6] करेंगे कब तक
कब तक आईन[7] मोहतात[8] मज़म्मत[9] होगी
एक इक नाम पे कोहराम[10] मचेगा कब तक
कब तक इस तरह बिलइक़सात[11] बग़ावत[12] होगी

1. अन्याय, अत्याचार
2. सैकड़ों बार धन्यवाद
3. खून की बूँद
4. धीरे धीरे 5. वतन वाले
6. प्रार्थना
7. संविधान 8. सावधान होकर
9. निन्दा 10. शोर 11. किस्तों में, कड़ियों में 12. विद्रोह

"आख़िरी मर्हल:"[1]

हिसार[2] बाँधे हुए तेवरियाँ[3] चढ़ाये हुए
खड़े हैं हिन्द के सरदार सर उठाये हुए
बढ़े है झेले हुए क़ैदो बन्द[4] के आज़ार[5]
उठे हैं जंगे ख़िलाफ़त[6] के आज़माये हुए
शुजाअ हैदर व टीपू की गोद के पाले
दिलेर नानक ओ रंजीत के सिखाये हुए
खुमार[7] बादा-ए-इक़बाल[8] निगाहों में
लबों[9] पे नग़मा-ए-टैगोर मुस्कराये हुए
नफ़स[10] में आंच गरजती हुई मशीनों की
क़दम पे आतिश-ओ-आहन[11] का सर झकाये हुए
जबीं[12] पे धान के खेतों की नर्म हरियाली
नज़र में क़हत[13] की परछाईयाँ छिपाये हुए
भड़क के दोश-ए-हवा[14] पर बिछा रहे है कमन्द[15]
शरर[16] जो सर्द[17] किताबों में थे दबाये हुए
फ़िज़ा[18] में सुर्ख फरेरा[19] लुटा रहा है हयात[20]
हवा की ज़द[21] पे चराग़-ए-अमल[22] जलाये हुए
तड़प के गिरने ही वाली है बर्क़-ए-ज़िन्दां[23] पर
खड़े है दर[24] पे असीर[25] आसरा[26] लगाये हुए

अभी खुलेंगे न परचम[27] अभी पड़ेगा न रन[28]
के मुश्तइल[29] है मगर मुत्तहिद[30] नहीं है वतन
पुकारता हे उफ़ुक़[31] से लहू शहीदों का
के एक हाथ से खुलती नहीं गले की रसन[32]
यह इंतिशार[33], यह हलचल, यह मोर्चो में शिगाफ़[34]
मज़ाक उड़ाते हैं अज़्म-ए-जिहाद[35] का दुश्मन
निकल के सफ़[36] से खड़े हो गये है कुछ सावन्त
बढ़ा के हाथ मुहब्बत से थाम लो दामन[37]
फिर एक बार बढ़ो ले के सुलह[38] का पैग़ाम
फिर एक बार जला दो शुकूक[39] के ख़िरमन[40]
यह यास[41] क्यों? यह तमन्ना-ए-खुदकुशी[42] कैसी?
नवेद-ए-फ़तह[43] है कल्बे अवाम[44] की धड़कन

मिटादो मिल के मिटादो निशाँ गुलामी का - ज़मीन छोड़ चुका कारवां[45] गुलामी का

1. पड़ाव, मंज़िल
2. घेरा, परिधि, प्राचीर 3. क्रोधित
4. कारावास 5. कठिनाई
6. स्वाधीनता की लड़ाई
7. नशे के उतार की अवस्था
8. प्रतिष्ठा का पथ
9. ओंठ 10. श्वांस
11. आग व लोहा
12. मस्तक
13. अकाल
14. हवा के काँधे पर
15. फन्दा
16. चिंगारी 17. ठण्डी
18. वातावरण 19. लाल झण्डा
20. जीवन 21. लपेटे में 22. अमल की लौ
23. कारावास की विजली
24. द्वार 25. बन्दी 26. आशा
27. झण्डा 28. भगदड़
29. उत्तेजित 30. एकता
31. आकाश
32. रस्सी
33. अव्यवस्था 34. दरार
35. धर्मयुद्ध का संकल्प
36. पंक्ति
37. गोद, अंक
38. सन्धि
39. सन्देह 40 खलिमान
41. निराशा 42. आत्महत्या की अभिलाषा
43 सफलता की शुभ सूचना 44. जनता के मन की 45. दल

"मुज़्दः"[1]

1. खुशखबरी, शुभ सूचना

हुकूमत पर ज़वाल[2] आया तो फिर नाम-ओ-निशाँ कब तक?
चराग़-ए-कुश्ता-ए-महफिल[3] से उठेगा छुआँ कब तक
ज़वाले मिल्लते इस्लामिआ[4] के नौहः ख़्वाँ[5] शिबली
मुबारक हो के करवट ले रहा है आसमाँ[6] शिबली
मिटायेगा हमारा कौन अब नामा-ओ-निशाँ[7] शिबली
धुँआ गर्मा चुका उड़ने को है चिंगारियाँ शिबली

2. पतन 3. जन समूह के रक्तपात का चराग़ 4. इस्लामी जनता का पतन
5. दुःख पीड़ा का वर्णन करने वाला (विरह वेदना) 6. आकाश
7. नाम व चिन्ह

परीशाँ हो गये शीराज़ा[8] .-ए-औराक़े[9] -इस्लामी
चलेंगी तुन्द[10] बादे[11] कुफ़्र[12] की यह आँधियाँ कब तक?
यक़ीनन मौत का पैग़ाम है तन्जीम[13] की ख़ामी[14]
जगा भी तो दिया करता है अक्सर दर्द-ए-नाकामी[15]
इक्ट्ठा हो रहे हैं मुन्तशिर[16] औराक़े इस्लामी
छिपेंगी क़ब्र-ए-सुल्तानी[17] में अब यह आँधियाँ शिबली

8. बिखरी हुई 9. इस्लामी पृष्ठभूमि 10. तेज़ 11. हवा
12. ग़ैर मुस्लिम (इस्लामी विरोधी) 13. संगठन 14. कमी
15. असफलता का दर्द
16. बिखरे हुए
17. हज़रत मुहम्मद (सल.) का गुंबद

कोई पूछे के ऐ तहजी़ब-ए-इंसानी[18] के उस्तादो
यह हश्र[19] अंगेज़ियाँ ताकिये यह जुल्म आराईयां[20] कब तक
हमारे खूँ से दामान-ए-गुलिस्ताँ हो चला रंगीं
ख़िजाँ[21] के दाम में जकड़े पड़े है संगेदिल[22] गुलचीं[23]
खुशा[24]-तहजीब-ए-इंसानी के उस्तादों को ले डूबीं
वह हश्र अंगेज़ियाँ शिबली वोह जुल्म आराईयाँ शिबली

18. मानवता की संस्कृति
19. अन्त 20. अत्याचार
21. पतझड़ 22. पत्थर दिल
23. माली 24. प्रसन्नता

यह माना तुम को तलवारों की तेज़ी आज़मानी है
हमारी गर्दनों पे होगा इस का इम्तहाँ कब तक
लिया है यह सबक हमने खुदअपने खूँशुदा[25] दिल से
सितम की खू बदल सकती नहीं फ़रियादे[26] बिस्मिल से
तड़प कर छीन लेंगे तेग़ हम अब दस्त-ए-क़ातिल[27] से
हमारी गर्दनों पर अब न होगा इम्तहाँ शिबली

25. खून से लिप्त
26. गुहार
27. हत्यारे के हाथ से

यह माना गर्मी-ए-महफ़िल[28] के सामाँ[29] चाहिएं तुम को
दिखायें हम मगर हँगामा[30] -ए-आहो फ़ुग़ाँ[31] कब तक

28. सभा 29. सामग्री 30. हलचल 31. शोर, चीख़ पुकार

उफ़ुक़[32] पर करवटें लेने लगा जम्हूर[33] का परचम[34]
नये साँचे में ढलता जा रहा है अरसा-ए-आलम[35]
हमारे हम हमों[36] से जिन की महफ़िल हो चली बरहम[37]
वोह क्या देखेंगे अब हँगामा-ए-आहो फ़ुग़ाँ शिबली

32. आकाश 33. लोकतन्त्र
34. झण्डा 35. सांसारिक समय (काल) 36. साथियाँ संगियों
37. दुखी, पीड़ित

यह माना क़िस्सा-ए-ग़म से तुम्हारा जी बहलता है
सुनायें अपने दर्द-ए-दिल की तुम को दास्ताँ[38] कब तक
वोह गुल[39] शोला[40] बने जिन पर सितम[41] करवट बदलता था
वोह रात आख़िर हुई जिस में चराग़-ए-ज़ुल्म[42] जलता था
हमारा क़िस्सा-ए-ग़म[43] सुन के जिन का जी बहलता था
क़रीबे ख़त्म आ पहुँची उन्हीं की दास्ताँ शिबली

38. कहानी 39. फूल
40. ज्वाला 41. अत्याचार
42. अत्याचार की लौ
43. दुख की कहानी

"तर्बियत"[1]

"काँग्रेस बर्बाद" तूने क्या कहा ए गुल अजार[2]
आ गया जैसे अचानक हाथ मे बिजली का तार
कमसिनी[3] भी दर्से ग़द्दारी[4] का पढ़ती है कहीं
बोलती हैं रूह[5] तेरे बाप की यह तो नहीं
जानता हूँ तू है थानेदार का लख्त-ए-जिगर[6]
गूँजता रहता है हर दम ऐसे ही नारों से घर
नाम सुनती हैं जो एक तश्वीशनाक[7] अन्दाज़ में
लीड़रों को कोसती हैं हाथ उठा कर औरतें
मिन्नतें मनती हैं तर्वीज-ए-जफ़ा[8] के वास्ते
नज़्र चढ़ती है गुलामी की बक़ा[9] के वास्ते
बाम-ओ-दर[10] पर छावनी छाये है ख़ाना साज़े क़हर[11]
भिन चुका है संगदिल[12] ईटों में ग़द्दारी का ज़हर
गोशः गोशः[12] गूँजता है लूट की झंकार से
झाँकती है रिश्वतें हर रोज़न-ए-दीवार[13] से
लौ[14] दिया करते है शब[15] में सीना-ए-मिल्लत[16] के दाग़[17]
खूने मुफ़लिस[18] से जला करता है डयूढ़ी का चिराग़
ऐसा इक मह्वर अमल[19] तेरे बूढ़े बाप का
चाक जिस पर घूमता रहता है हर दम पाप का
जो है हामी राहज़नी[20] का जो है शबख़ूँ[21] का मुईन[22]
जिस के बल पर घड़घड़ाती है हुकूमत की मशीन
जो है नौकर जुर्अतों[23] को टोकने के वास्ते
लुटने वालों का तड़पना रोकने के वास्ते
आहनी दीवार[24] है जो तन्दु[25] पानी के लिए
बादबाँ[26] है जो जहाज़ हुक्मरानी[27] के लिए
जिस की हस्ती से है क़ाइम रिश्ता[29] -ए-दारो रसन[28]
जिस के बूते पर खुदाई कर रहा है अहरमन[30]
जिस की वर्दी में भयानक आँधियाँ पोशीदा[31] है
जिस की पगड़ी से तलाई[32] अज़दहे[33] पेचीदा[34] हैं
जिस की मिक़राजे[35] नज़र जेबों पे जब करती है चोट
बौखला जाते है सिक्के, बिलबिला उठते हैं नोट

1. दीक्षा
2. सुन्दर
3. अल्पायु 4. ग़द्दारी का पाढ
5. आत्मा
6. पुत्र
7. चिन्ताजनक
8. अत्याचार के प्रचार हेतु
9. अस्तित्व
10. ठहरर व छाते पर
11. अत्याचारी 12. पत्थर दिल
12. कोना कोना
13. दीवार के छिद्रों से
14. आलोक 15. रात्रि 16. जनता के सीने में 17. धब्बे 18. दरिद्र के रक्त से
19. व्यस्तता
20. लूटना 21. रात का हमला
22. सहायक
23. साहस
24. लौह दीवार 25. तेज़
26. ठण्डा 27. शासन
28. रस्सी का फन्दा
29. सम्बन्ध 30 अग्निपूजकों के पाप का ईश्वर
31. छिपी
32. स्वर्ण की 33. नाग 34. उल्झे हुए 35. दृष्टि की कैंची

इस सियाह आगोश[36] में तो पल रहा है हाय हाय
ज़र्फ़े ग़द्दारी[37] में बचपन ढल रहा है हाय हाय
सुन के अब जागी हुई तहरीक[38] सो सकती नहीं
जो सहूलत बाप को थी तुझ को हो सकती नहीं
लुटने ही वाला है दम भर में हुकूमत का सुहाग
लगने ही वाली है जेलों, दफ़्तरों, थानों में आग
मिटने ही वाला है खूँआशाम[39] देख-ए-ज़र[40] का राज
आने ही वाला है ठोकर में उलट कर सर से ताज
छूटने ही वाली है ज़ुल्मत,[41] रिसने ही वाला है नूर
हिलने ही वाली हैं क़ब्रें फुकने ही वाला है सूर[42]
खुलने ही वाले हैं परचम[43] पड़ने ही वाला है रन[44]
लुटने ही वाले हैं गुलशन[45], खिलने ही वाले है बन
बहने ही वाला है ऐवाने शहनशाही[46] में ख़ून
फटने ही वाली है छत, गिरने ही वाले हैं सुतून[47]
आने ही वाला है सक़्फ़े-नौ[48] पे रंगी आफ़ताब[49]
गड़ने ही वाला है दुनिया में निशान-ए-इन्क़िलाब
इक नये साँचें में ढल जायेगी सारी काईनात[50]
तेरी ख़ातिर तंग हो जायेगा दामाने हयात[51]
वर्ना मुस्तक़्बिल[52] की ख़ातिर रब्ते माज़ी[53] छोड़ दे
बाप के नक़्शे क़दम पर पाँव रखना छोड़ दे।

36. गोद, अंक
37. ग़द्दारी का पात्र
38. आन्दोलन
5. खून पीने वाला, ज़ालिम
40. सम्पत्ति का राक्षस
41. अंधकार
42. तुरही, बिगुल 43. ध्वज, झंडा
44. लड़ाई
45. बाग़, उद्यान
46. साम्राज्य का भवन
47. स्तंभ, खंभा
48. नई छत 49. सूर्य
50. ब्रह्मांड, संसार
51. जीवन का अंचल
52. भविष्य 53. भूतकाल का सम्बन्ध

नये ख़ाके

(गाँधी जी जिन्नाह मुलाकात के मौक़े पर)

नक़शे हसरत[1] मिटाके उठाना ख़शी का परचम[2] उड़ाके उठाना
मिलाके सर बैठना मुबारक, तराना-ए-फ़तह[3] गा के उठना
यह गुफ़तुगू[4] गुफ़तुगू नहीं है, बिगड़ने बनने का मर्हलः[5] है
धड़क रहा है फ़िज़ा[6] का सीना के ज़िन्दगी का मामला है
ख़िजाँ[7] रहे या बहार आये तुम्हारे हाथों में फैसला है
न चैन बेताब बिजलियों को न मुत्मइन[8] कारवाने[9] शबनम[10]
कभी शिगूफ़ों[11] के गर्म तेवर कभी गुलों का मिज़ाज[12] बरहम[13]
शिगूफ़ः-ओ-गुल[14] के इस तसादुम[15] में गुलिस्ताँ बन गया जहन्नुम[16]
सजा लें सब अपनी अपनी जन्नत[17] अब ऐसे ख़ाके[18] बनाके उठना
ख़ज़ाना-ए-रंगो नूर[19] तारीक[20] रहगुज़ारों[21] में लुट रहा है
उरूसे गुल[22] का गुरूरे इस्मत[23] सियाह ख़ारों[24] में लुट रहा है
तमाम सरमाया-ए-लताफ़त[25] ज़लील ख़्वारों[26] में लुट रहा है
घुटी घुटी हैं नमू[27] की साँसें छुटी छुटी नब्ज़-ए-गुलिस्ताँ[28] है
हैं गुरसिना फूल[29] तिश्ना गुन्चे,[30] रुखों पे ज़रदी[31] लबों पे जाँ[32] है
असीर[33] हैं हम सफ़ीर[34] जब से ख़िजाँ चमन[35] में खाँ दवाँ[36] है
इस इंतिशार शारे चमन[37] की सौगन्ध बाबे ज़िन्दाँ[38] हिला के उठना
हयात-ए-गीती[39] की आज बदती हुई निगाहें हैं इंक़्लाबी
उफ़ुक़[40] से किरनें उतर रही हैं बिखेरती नूर-ए-कामयाबी
नई सहर[41] चाहती है ख़्वाबों की बज़्म[42] में इज़्ने बारयाबी[43]
यह तीरगी[44] का हुजूम[45] कब तक यह यास[46] का इज़्दिहाम[47] कब तक
निफ़ाक़-ओ-ग़फ़लत[48] की आड़ लेकर जियेगा मुर्दा निज़ाम कब तक
रहेंगे हिन्दी असीर[49] कब तक रहेगा भारत गुलाम कब तक
गले का तौक़[50] आ रहे क़दम पर कुछ इस तरह तिलमिला के उठना

1. संतोष के विचार 2. झण्डा 3. सफलता का गीत 4. बातचीत 5. मंज़िल6. वातावरण 7. पतझड़ 8. सन्तुष्ट 9. दल 10. ओस 11. कली 12. स्वमान 13. क्रोधित 14. फूलों की कलियों के 15.लडाई 16. नरक 17. स्वर्ग 18. चित्र 19. रंग व नूर का ख़ज़ाना 20. अन्धेरी 21. रास्तों मे 22. फूल की दुल्हन 23. सतीतव गर्व 24. काले काँटे 25.आनन्द का सरमाया 26. हीन व अपमान 27. विकास 28. उपवन की नाड़ी 29. भूखे फूल 30. प्यासे फूल 31. पीलापन 32. जान 33. कैद 34. सहयात्री 35. पतझड़ हुआ चमन 36. चल फिरना 37. बिखरा हुआ 38. जेल का द्वार 39. जीवन संसार 40. आकाश 41. प्रातः 42. सभा 43. पेशी की इजाजत 44. अंधेरा 45. भीड़, जन-समूह 46. निराशा 47. भीड़ 48. शत्रुता और असावधानी 49. बन्दी, क़ैदी 50. हार, गले का आभूषण

किरन

(गाँधी जिन्नाह मुलाक़ात)

मुत्मइन[1] कोई नफ़स[2] ऐ दिले रंजूर[3] नहीं
अब अलग बैठ के जी लेने का मक़्दूर[4] नहीं
तजर्बों[5] ने वोह लगाये हैं दिलों में चरके[6]
रूठे मिल जायें गले आज तो कुछ दूर नहीं
जिन्दगी सुलह[7] पर मजबूर हुई जाती है

1. सन्तुष्ट 2. श्वांस, क्षण 3. दुखी मन
4. शक्ति, ताक़त
5. अनुभवों 6. चोटें, कसक
7. सन्धि

रूखे सिम आलूद[8] हवाओं का बदलने सा लगा
शौंक़ पज़ मुर्दा[9] अनासिर[10] में मचलने सा लगा
किस ने यह साज़-ए-उखुव्वत[11] पे अलापा दीपक
एक दिया रात की आग़ोश[12] में जलने सा लगा
तीरगी[13] यास[14] की काफ़ूर[15] हुई जाती है

8. जहरीली, विषयुक्त
9. मायूस, मुरझाया हुआ 10. तत्व
11. प्यार का साज़
12 गोद, अंक
13. अन्धकार 14. निराशा 15. ग़ाइब

ख़ार[16] क्या चीज है दो दोस्त जो मिलना चाहें
सोज़े रफ़तार[17] से लौ देने लगी हैं राहें[18]
वक़्त ने सीना-ए-अहसास[19] में ले ली चुटकी
डाल दीं गर्म तक़ाजों[20] ने गले में बाँहें
आख़िरी शर्त भी मंजूर[21] हुई जाती है

16. काँटे
17. दुख की रफतार 18. पथ, मार्ग
19. दुखी मन
20. इच्छाओं
21. स्वीकृत

मिल गईं उठ के निगाहें जो निगहबानों[22] की
नब्ज़ उमर आयी सिसकते हुए अर्मानों[23] की
ना ख़ुदा जोड़ के सर बैठने वाले हैं इधर
और उधर सांस उखड़ने लगी तूफ़ानों की
मौज[24] कश्ती के तले चूर हुई जाती है।

22. देख रेख करने वाला
23. अभिलाषा
24. आनन्द

आज़ादी

जबीं[1] से नूर बरसाती
चली जाती है आज़ादी
मचलती, झूमती, गाती
चली आती है आज़ादी

1. मस्तक

यह सैले[2] आतिशो आहन[3] यह बेहरे ख़ूँ[4] की तुग़ियानी[5]
फ़िज़ा[6] की नब्ज़ बरहम[7] वक़्त के अन्दाज़े तुफ़ानी[8]
गुलामी का सफ़ीना[9] घूमता है डगमगाता है
जवाँ मौंजें लिये दामन में साहिल[10] मुस्कराता है
जवाँ मौजों में बल खाती
चली आती है आज़ादी

2. प्रवाह 3. आग के पत्थर 4. खून का समुद्र 5. बाढ़ 6. वातावरण 7. क्रोधित 8. तीव्र 9. नौका 10. किनारा

उठे है तुन्द[11] तूफ़ाँ झूम कर जख़्मी हुबाबों[12] से
हवा काँध मिलाकर चल रही है इन्क़िलाब से
जमूदों[13] खामुशी की तह में हँगामे मचलते हैं
हिला कर कोहसारों[14] की जड़ें, चश्मे[15] उबलते हैं
चट्टानें तोड़ती ढाती
चली आती है आज़ादी

11. तेज, तीव्र 12. बुलखला 13. जमा हुआ, ठहरा हुआ 14. पहाड़ों 15. पानी का सोता, सरिता

जो ख़ूँख्वारी[16] में यकता[17] था वोह अपने ख़ूँ में ग़ल्ताँ[18] है
लबे सरमायादारी[19] आख़िरी हिचकी से लर्ज़ाँ[20] है
गले मिलती है फ़तह-ओ-कामरानी[21] नौजवानी से
पुराने बुत गिरे जाते हैं ताक़े जिन्दगानी[22] से
दरो दीवार[23] दहलाती
चली आती है आज़ादी

16. आतंक 17. एक 18. त्रुटि 19. पूँजीवाद 20. कपकपी 21. सफ़लता 22. मात्र जीवन 23. दरवाजा और दीवार, चहार-दीवारी

सम्भाला आख़िरी भी ले लिया बीमारे दुनिया ने
हुए जाते हैं अपने बोझ से शल[24] जुल्म के शाने
तड़प कर नौ गिरिफ़्तारों ने ज़िन्दाँ[25] तोड़ डाले हैं
असीराने[26] कुहन[27] के तौक़[28] गल कर गिरने वाले हैं
कुछ ऐसी आग भड़काती
चली आती आज़ादी

24. थकना 25. जेल 26. क़ैदी 27. पुराने 28. हार

नज़र में बिजलियाँ, दिल में तड़प, सांसों में हलचल है
लबों पर फ़तह का मुज़्दः[29] जबीं[30] पर सुर्ख़ आँचल है

29. खुशख़बरी 30. मस्तक

जो बढ़ कर थाम ले दामन[31] जवाँ इश्वे उसी के हैं
उलट दे बढ़ के जो घूँघट हँसी जलवे[33] उसी के हैं

निगाह-ओ-दिल को तड़पाती
चली आती है आज़ादी

31. सिरा 32. युवावस्था के नख़रे 33. दर्शन

सोवियत' 'यूनियन' 'और' 'हिन्दुस्तान'

हिन्दुस्तान

तू दोस्त सारे ज़माने का है कलाम[1] नहीं — 1. सम्बन्ध
मगर जबाँ पे हिन्दोस्ताँ का नाम नहीं
उन्होंने भी मेरी अर्ज़ी[2] पे लिख दिये दो हर्फ़[3] — 2. प्रार्थना पथ 3. अक्षर
बुलन्द अज़्म[4] नहीं जिन का फ़ैजे आम[5] नहीं — 4. उच्च इरादे 5. सब की भलाई
मैं तेरा दोस्त तू मेरे दुखों से बेगाना[6] — 6. निश्चिन्त 7. क्षमा याचना
ख़ता मुआफ़[7] यह क्या रंज़[8] का मुक़ाम[9] नहीं — 8. दुख 9. स्थान

''सोवियत यूनियन''

यह वहम[10] छोड़ के तुझ को भुला दिया हमने — 10. शंका
मगर दुआ[11] को अमल में छुपा दिया हमने — 11. प्रार्थना
ज़बाँ पे हर्फ़ न गिन बाज़ुओं[12] का कस बल देख — 12. बाँहें
निज़ामे[13] जबरो तशददुद[14] मिटा दिया हम ने — 13. प्रशासन 14. बल एवं हिंसक
निगाह[15] चाहिये मंजिले को ढूँढ़ने के लिए — 15. आंख का प्रकाश
चराग़ राहगुज़र[16] में जला दिया हम ने — 16. रास्ला दिखाने वाला
लबे मसीह[17] की जुँबिश[18] का इन्तिज़ार[19] न कर — 17. मसीह के ओंठ 18. गति, स्पंदन 19. प्रतीक्षा
इलाज-ए-दर्द-ए-गुलामी बता दिया हमने
निगाहे लुत्फ़ो करम[20] तंज़[21] है गुलामी पर — 20. कृपा, दया 21. व्यंग्य, ताना
खुद अपना तौक़[22] गला कर दिखा दिया हमने — 22. हार
नवेदे दीद[23] के तालिब[24], मज़ाक़-ए-दीद[25] बढ़ा — 23. प्रसन्न दर्शन 24. इच्छुक 25. मज़ाक़ का दर्शन
रूख़-ए-हयात[26] से पर्दा उठा दिया हम ने — 26. जीवन का रूख
वोह गीत तैर गया है ज़मीरे आदम[27] में — 27. मानव की आत्मा
जो इन्क़िलाब की धुन में सुना दिया हमने
सियाह रात के सीने में जड़ दिये तारे
मलूल[28] सुबह को हँसना सिखा दिया हमने — 28. दुखी 29. स्वर्ग
जो ख़्वाब क़ैद था फ़िरदौस[30] के तसव्वुर में — 30. भाग्य
उसे ज़मीं का मुक़द्दर बना दिया हमने
बढ़े थे तेरी ही कश्ती[31] की सम्त[32] यह तूफ़ाँ — 31. नौका 32. दिशा, ओर

लहू[33] में डूब के जिन को दबा दिया हमने

यह वहम[34] और तिरा ज़िन्दगी पे छाये हुए
वोह देख पाये गुलामी हैं लड़खड़ाये हुए
तिरा चराग़ शहीदों के ख़ूँ से रौशन[35] है
तिरी हयात[36] के पहलू हैं जगमगाये हुए
तुझे पुकार रहा है वोह तेरा मुस्तक़्बिल[37]
नज़र में फूल जबीं[38] पर चमन खिलाये हुए
तड़प के डाल दे गर्दन में प्यार से बाँहें
अरूस-ए-फ़्त्ह[39] खड़ी है नक़ाब[40] उठाये हुए

बस इत्तिहाद[41] है अब सख़्त इम्तिहाँ तेरा
और उस के बाद ज़मीं तेरी आसमाँ तेरा

33. बुरे व्यसन
34. शंका
35. दीप्तिमान
36. जीवन
37. भविष्य
38. मस्तक
39. सफलतम दुल्हन 40. पर्दा
41. एकता

यल्ग़ार[1]

जस्त,[2] कड़के जैसे बर्क़-ए-कोहसार[3]
ग़ैज़[4] गरजे शब[5] में जैसे आबशार[6]
जोश, उमडे जिस तरह अबरे बहार[7]
हिल के तूफ़ाँ का कलेजा रह गया
सर पटक कर तुन्द[8] धारा रह गया
हाँप कर रस्ते में दरिया[9] रह गया
शहर में बल खा रही है सुर्ख़ फ़ौज
सू-ए-बर्लिन[10] जा रही है सुर्ख़ फ़ौज
बन गया तूफ़ान ज़ोया[11] का लहू[12]
लोटते हैं अपने ख़ूँ में फ़ित्नः ख़ू[13]
कामराँ[14] है रूस दुनिया सुर्ख़ रू[15]
मिट रहा है जुल्म[16] का नामो निशाँ[17]
उड़ रही हैं नाज़ियत की धज्जियाँ
उठ रहा है क़ल्ब-ए-वह्शत[18] से धुआँ
बिजलियाँ बरसा रही हैं सुर्ख़ फ़ौज
सू-ए-बर्लिन जा रही है सुर्ख़ फ़ौज
हो गया था शल[19] फ़िरासत[20] का दिमाग़[21]
बुझ गया था क़सरे हस्ती[22] का चराग़
मिट गया था शेरो मौसीक़ी[23] का बाग़
जम गया था साज़[24] की नब्ज़ों[25] में ख़ूँ[26]
दम बख़ुद[27] था इल्म[28], हिक्मत[29] सर निगूँ[30]
छा गया था आदमियत पर जुनूँ[31]
अब जुनूँ पर छा रही है सुर्ख़ फ़ौज
सुए बर्लिन जा रही है सुर्ख़ फ़ौज
फ़त्ह[32] की पड़ने लगीं परछाईयाँ
फट पड़ीं आफ़ाक़[33] पर रानाईयाँ[34]
इर्तिक़ा[35] लेने लगा अँगड़ाईयाँ
मुज़्महिल लम्हों[36] में जाँ आने लगी
वक़्त झूमा, जिन्दगी गाने लगी
जुल्मतों[37] में सुबह लहराने लगी

1. आक्रमण
2. छलांग 3. पहाड़ की बिजली 4. भयानक
5. रात 6. झरना
7. बहार के बादल
8. तीव्र
9. नदी
10. बर्लिन की ओर
11. एक मुजाहिद ख़ातून का नाम
12. ख़ून
13. शरारतीतत्त्व
14. सफ़ल 15. गौरव पूर्वक 16. अत्याचार
17. नाम चिह्न
18. मन का भय
19. थका हुआ
20. विवेक बुद्धिमत्ता
21. मस्तिष्क
22. महान गुम्बद
23. राग संगीत
24. संगीत
25. नाड़ियों में
26. ख़ून 27. हक्का बक्का 28. ज्ञान
29. बुद्धिमत्ता
30. झुका हुआ सर
31. भूत 32. सफलता
33. आकाश 34. क्षोभ
35. विकास
36. क्षणों में
37. अंधकार

नूर यूँ झलका रही है सुर्ख़ फ़ौज
सू-ए-बर्लिन जा रही है सुर्ख़ फ़ौज
मुस्कारायाा, गुनगुनाया अहदे नौ[38]
दे उठी दिल की फ़सुर्दा[39] शमा लौ
जाग उठी सीनों में आज़ादी की रौ[40]
अब यह धारा रूख़[41] बदल सकता नहीं
साम्राज्य अब फूल फल सकता नहीं
क़स्र-ए-ला'नत[42] अब संभल सकता नहीं
क़स्र-ए-ला'नत[43] ढा रही है सुर्ख़ फ़ौज
सू-ए-बर्लिन जा रही है सुर्ख़ फ़ौज

38. नया युग
39. बेकार
40. धुन, जोश
41. मुख
42. धिक्कार का महल
43. धिक्कार

"फ़त्ह बर्लिन"

ख़ंजरों[1] की बाढ़, तेग़ों[2] की रवानी[3] ख़त्म है
राहज़नी,[4] ग़ारतगरी,[5] ईज़ा रसानी[6] ख़त्म है
आँधियों की, ज़लजलों[7] की क़हरमानी[8] ख़त्म है
ज़िन्दगी पर हादिसों[9] की हुक्मरानी[10] ख़त्म है
ढल गई शब,[11] सुबह इशरत[12] का पयाम[13] आ ही गया
आफ़ताब[14]-ए-मास्को बाला-ए-बाम[15] आ ही गया

1. धारदार यन्त्र 2. तलवार
3. बहाव, प्रवाह 4. रस्ते की लूटमार
5. बर्बादी 6. कष्ट 7. भूकम्प
8. घोर अत्याचार 9. घटनाएं
10. सत्ता शासन 11. रात
12. आनन्ददायक 13. सन्देश
14. सूर्य 15. छत के ऊपर

फ़त्ह[16] का शोला[17] लचक कर फूल बरसाने लगा
सुर्ख़ परचम[18] सीना-ए-बार्लिन पे लहराने लगा
ज़र्रा ज़र्रा[19] मस्त होकर रक़्स[20] फ़र्माने लगा
चहचहा उठी फ़िज़ा,[21] सारा जहाँ[22] गाने लगा
फैंक कर फ़ाशिज़्म[23] का बारे नहूसत[24] शान से
आज ली दुनिया ने पूरी सांस इत्मीनान[25] से

16. विजय 17. अग्निज्वाला
18. लाल झण्डा
19. कण कण 20. नृत्य
21. वातावरण 22. संसार
23. फ़ाशिज़्म 24. गन्दगी
25. विश्वास 26. फूल काँटे

ख़ारो ख़ास[26] को थी हवस[27] बढ़ कर गुले तर[28] तोड़ लें
जाँ ब लब[29] मोरो मलख़[30] शाहीं[31] का शहपर[32] तोड़ लें
खोखली तारीकियाँ[33] और माहो अख़्तर[34] तोड़ लें
संग पारे [35] दामाने दरिया[36]. से गौहर[37] तोड़ लें
रौंद कर दुश्मन की किश्ती[38] और दरिया[39] बढ गया
जर्मनी पर वाल्गा का सुर्ख़ पानी चढ़ गया

27. लालसा 28. फूल
29. अन्तिम क्षण 30. असंख्य दल
31. पक्षी 32. पक्षी के बाजू का सबसे बड़ा और मज़्बूत पर 33. अंधकार
34. चांद तारे 35. पत्थर मूल्यवान
36. दरिया के दामन से 37. रत्न
38. नौका 39. नदी

इर्तिक़ा[40] की राह[41] में सौ जाल फैलाये गये
सौ जहन्नुम[42] घात में जन्नत की भड़काये गये
कितने पत्थर साग़र-ए-हस्ती[43] पर बरसाये गये
कितने बादल सामने ख़ुर्शीद[44] के आये गये
दब गयी आँधी भी घुट कर रह गया तूफ़ान भी
ले लिया मेहनतकशों[45] ने आज का मैदान भी

40. विकास 41. पथ 42. नरक
43. शराब के ग्लास
44. सूर्य
45. श्रमिकों ने

हाँ मुबारक हो उन्हें यह कामयाबी[46] यह ख़ुशी
बख़्श दी जिन मनचलों ने ज़िन्दगी को ज़िन्दगी

46. सफलता

उन शहीदों को ख़बर कर दे कोई इस ईद[47] की
जिन की गाती गुनगुनाती नौजवानी लुट गयी
दहर[48] में बजता है डंका आज उन के नाम का
सो गये जो मोड़ कर रूख़ गर्दिश-ए-अय्याम[49] का

47. ख़ुशी
48. युग 49. कठिनाईयों के दिन

हाँ मुबारक हो उन्हें यह कामरानी[50] यह बहार
कर दिया फ़ाशिज़्म का परचम जिन्होंने तार तार[51]
उन दिलेरों[52] के गले में डाल दो फूलों के हार
बढ़ गया जिन के अमल[53] से आदमियत का वक़ार[54]
ऐ उरूसे दहर[55] खुल कर गुनगुनाले झूम ले
रूह गीती[56] के स्तालिन के बाज़ू[57] चूम ले

50. विजय
51. फाड़ दिया
52. वीरों
53. क्रियान्वयन 54. सम्मान
55. सांसारिक दुल्हन
56. सांसारिक आत्मा
57. बाहें

खेतों को, ख़िरमनों[58] को, गुलिस्तानों[59] को सलाम
तज[60] सब कुछ जिन्होंने उन किसानों को सलाम
टैंको, गोलों, जहाजों बादबानों[61] को सलाम
जिनमें बम ढाले गये उन कारखानों को सलाम
अब कभी नाकामियों[62] का ज़ख़्म[63] भर सकता नहीं
इस तहर कुचला गया फ़ितना[64] उभर सकता नहीं

58. खलिहान 59. उद्यान
60. त्यागना
61. पानी के जहाज में लगाया जाने वाला पर्दा जिसमें हवा भर कर जहाज़ चलता है।
62. असफलताएं 63. घाव
64. उपद्रव, शरारत

कह दो झूमें बाग़ो सेहरा[65] गुनगुनाएँ आब़शार[66]
अब न लहरायेंगे शोले[67], अब न बरसेंगे शरार[68]
मिट गया नाज़ी लुटेरों का दो रोजा इक़्तिदार[69]
दौड़ जा झुलसे हुए खेतों पे ऐ रंगे बहार
साथ अपने फ़ितनागर[70] फ़ितनों की दुनिया ले गये
जो शगूफ़ो[71] को कुचलते थे कुचल डाले गये

65. उपवन, जंगल 66. झरने
67. चिंगारियां 68. चिंगारियां
69. कुर्सी, सत्ता
70. शरारती 71. कलियों

कह दो धो डाले वोह माँयें मुस्कराकर दिल के दाग़[72]
जल गये थे जिन के ख़िरमन, लुट गये थे जिन के बाग़
कह दो अब उठ कर जलायें देवियाँ घी के चराग़
मिट गये जो तोड़ते फिरते थे इस्मत[73] के अयाग़[74]
ज़िन्दगीह पाये अजल[75] पर जब्हसाई[76] कर चुकी
अहरमन[77] की नस्ले दुनिया पर खुदाई कर चुकी

72. धब्बे
73. सतीत्व 74. प्याला
75. समय समाप्ति पर 76. माथा रगड़ना 77. अग्नि पूजकों का ईश्वर

कह दो अहल-ए-इल्म[78] ज़ौक़-ए-नज़र[79] पैदा करें
फिर अदब के फूल, हिक्मत के गुहर[80] पैदा करें
तीरगी[81] के बत्न[82] से नूरे सहर[83] पैदा करें
खामुशी से नग़मा, नग़मों से शरर पैदा करें
जिन को चिढ़ थी इल्मो[84] हिकमत[85] से, अदब[86] से, राग[87] से
हो गये ठण्डे उलझ कर जिन्दगी की आग से

78. विद्वानों 79. आनन्द दायक दृष्टि 80. रत्न 81. अंधकार 82. पेट से 83. प्रातः का नूर 84. ज्ञान 85. चिकित्सा से 86. सम्मान से 87. राग

कह दो गूँज उठे तरानों से दिले अरज़ो समा[88]
कह दो उतरे चाँदनी, दमके फ़िज़ा महके हवा
जगमगा ऐ रोय तहजीब व तमददुन[89] जगमगा
रक़्स[90] कर ऐ रूहे[91] मुस्तक़बिल[92], थिरक ऐ इर्तिक़ा[93]
जश्न[94] यह हव्वा का है और ईद यह आदम की है
कारनामा[95] रूस का है, फ़त्ह एक आलम[96] की है

88. आकाश पाताल
89. संस्कृति
90. नृत्य 91. आत्मा 92. भविष्य 93. विकास 94. उत्सव 95. बहुत बड़ा काम 96. संसार

कह दो छलके, कह दो बरसे मस्त आँखों से शराब
लहलहायें आरिजों[97] के फूल, माथों के गुलाब
आज से आतिशनवा[98] 'कैफ़ी' उठालेगा रबाब[99]
मुस्कराये हुस्न,[100] गाये इश्क़[101] उठे शबाब
मुज़्तरिब[102] शाइर भी उनवान-ए-तरब[103] पा ही गया
कम से कम आज एक पहलू तो क़रार[104] आ ही गया।

97. गालों 98. कड़वी आवाज़ 99. सारंगी 100. शोभा 101. प्रेम 102. अशांत, व्याकुल 103. हर्ष का शीर्षक 104. प्रतिज्ञा

'सलाम'

मैं कलकत्ते में 'कैफ़ी' आज पहली बार आया हूँ
मचलती आरज़ू[1], बेताब[2] दिल सीने में लाया हूँ
सलाम उस शहर पर जिस की फ़िज़ा[3] में गीत बसते हैं
जहाँ 'नज़रूल' के और 'टैगोर' के नग़मे बरसते हैं
सलाम उस ख़ाक[4] पर गोदी से जिस के आफ़ताब[5] उठा
बग़ावत[6] ने कमाँ[7] कड़काई शोरे-इन्किलाब[8] उठा
सलाम उस देस के उन इन्किलाबी नौजवानों को
बसा रखा है मुद्दत[9] से जिन्होंने जेलख़ानों को
सलाम उन शहरियों[10] उन कामगारों, उन किसानों पर
वबा-ओ-कहत[11] ने हमला किया था जिन की जानों पर
सलाम उन पर, ग़िज़ा[12] चोरों ने दर दर जिन को दौड़ाया
जिन्होंने पाई रोटी और न मरने पर कफ़न पाया
सलाम उन स्ट्राइक[13] करने वाले कामगारों को
लहू[14] पीने नहीं देते जो अब सरमायादारों[15] का
सलाम उन नौजवानों को, सलाम उन बेगुनाहों[16] को
पिलाया ख़ूने-नाहक़[17] जिन का जल्लादों ने राहों[18] को
न भूलेगी नवम्बर की वोह ख़ूनी दास्ताँ[19] बरसों
करेगा नाज़[20] कलकत्ते पे कुछ हिन्दोस्ताँ बरसों
सलाम उस दिन पे जब ग़ैरत[21] ने यूँ छेड़ा दिलेरों[22] को
कोई बेचैन कर दे जिस तरह ख़्वाबीदा[23] शेरों को
उठे हिन्दू मुसलमाँ साथ ही जोशे-जिहाद[24] ऐसा
लहू भी मिल गया दोनों का बह कर इत्तहाद[25] ऐसा
इस यकजिहती[26] में जाने किस किस की मौत पिन्हाँ[27] थी
सफ़ा[28] कुछ रहनुमा[29] भी थे हुकूमत[30] भी परेशाँ थी
वोह मंजर[31] काश ख़्वाब-ए-क़ौम[32] की ता'बीर[33] बन जाता
वोह वक़्ती इत्तिहाद इस मुल्क की तक़्दीर[34] बन जाता

1. इच्छा 2. बेचैन
3. वातावरण
4. राख 5. सूर्य
6. विद्रोह 7. बागडोर
8. इन्क़िलाब की ध्वनियां
9. काफ़ी समय
10. नागरिकों
11. रोग व अकाल
12. खाना
13. हड़ताल 14. खून
15. पूँजीवादी
16. मासूम 17. अकारण का खून 18. पथ
19. कहानी
20. गर्व
21. संकोच, शर्म, लज्जा
22. वीरों साहसियों
23. निन्द्रित 24. धार्मिक युद्ध की उमंग
25. एकता
26. एकता 27. छिपी हुई
28. नाराज़ 29. मार्ग दर्शन 30. शासन
31. दृश्य 32. क़ौम का सपना (राष्ट्रीय सपना)
33. स्वप्न फल 34. भाग्य

"हम आगे बढ़ते ही जा रहे हैं"

सलाम ऐ रूस! तेरे शो'ले अजब शगूफ़े[1] खिला रहे हैं
जला चुकी थी ख़िज़ाँ जिन्हें वह ख़िज़ाँ का दामन जला रहे हैं
तेरी दहकती हुई जबीं[2] से गिरी हैं जितनी दहकती बूँदें
चिराग़ उतने ही सरहदे[3] इन्क़िलाब पर झिलमिला रहे हैं
यह तेरी ही जस्त की धमक है जो इतनी दीवारें ढह गयी हैं
निशाँ[4] हैं यह तेरे ही क़दम के जो रास्ते जगमगा रहे हैं
उड़ाये हैं बार बार शोले जो साम्राजी जहन्नुमों[5] ने
वोह सुर्ख़ जन्नत से दूर ठण्डी फ़िज़ाओं[6] में थर थरा रहे हैं
बिसात[7] ही जब उलट गयी हो तो कैसी घातें कहां की चालें
हर एक रूख़ से पुराने अय्यार[8] मात पर मात खा रहे हैं
हयात[9] ने दो सफ़ों[10] में दुनिया को आज तक़्सीम[11] कर दिया है
नई तरह लुटने, लूटने वाले क़ुव्वतें[12] आज़मा रहे हैं
इधर फ़रेब[13] उस तरफ़ सदाक़त[14] वहाँ तशद्दुद[15] यहाँ बग़ावत[16]
वोह राह में बो रहे हैं काँटे, हम उन पे बिजली गिरा रहे हैं
शिमाल[17] कैसा, जुनूब[18] कैसा, कहाँ का मग़रिब[19], कहाँ का मशरिक़[20]
जहाँ जहाँ हैं गरीबो मज़लूम[21] एक परचम उड़ा रहे हैं
हमारे जादे, हमारी मंज़िल, हमारे दरिया, हमारे साहिल[22]
हमारी दुनिया बसी हुई है जिधर निगाहें उठा रहे हैं
हमारे मिल और कारख़ाने, हमारी खेती हमारी कानें
हमारी क़ुव्वत का पूछना क्या हम आज दुनिया पे छा रहे हैं
हमारे इंजन, हमारी रेलें, हमारी भाप और हमारी बिजली
ज़मीं पे मोहरें लगा रहे हैं फ़िज़ा में सिक्का चला रहे हैं
हज़ार पहलू से लड़ रहे हैं हम अपनी यह आख़िरी लड़ाई
हज़ार रूख़[23] से हम अपने दुश्मन पे ज़र्बे आख़िर[24] लगा रहे हैं
हर एक शहर और हर एक बस्ती में हर जज़ीरे में हर कुरे[25] में
नई सफ़ें हम ने बाँध ली हैं नये पुरे हम जमा रहे हैं
कहीं ज़मीं छीने ले रहे हैं निकल पड़े हैं कहीं मिलों से
कहीं बग़ावत की आग भड़का के राज महलों को ढा रहे हैं
न रोक सकती है ख़ाना जंगी[26], न टूट सकते हैं सुस्त रहबर[27]
हम इन्क़िलाबी हैं इन्क़िलाबी हम आगे बढ़ते ही जा रहे हैं

1. कलियां
2. मस्तक
3. सीमाएं
4. चिह्न
5. नरक
6. वातावरण
7. शक्ति
8. धोखेबाज
9. जीवन
10. पंक्तियों
11. विभक्त
12. शक्तियां
13. धोखा
14. सत्यता
15. हिंसा
16. विद्रोह
17. उत्तर
18. दक्षिण
19. पूर्व
20. पश्चिम
21. उत्पीड़ित
22. किनारा
23. दिशाओं, पहलुओं
24. आखिरी चोट
25. स्थान
26. अन्तर्युद्ध
27. आलसी मार्गदर्शक

"नये मेहर बाँ"

बे समझे दिल का हाल तरस खा रहे हैं आप
किस दर्जा मेह्रबान[1] नज़र आ रहे हैं आप
हम बदनसीब[2] क़दरे करम[3] जानते नहीं
दावा बग़ैर जेहदो अमल[4] मानते नहीं
इस एहतिमाम-ए-राहनुमाई[5] का शुक्रिया
हम तो मगर हुज़ूर को पहचानते नहीं
किस अँजुमन से उठ के चले आ रहे हैं आप

अब तक कहाँ थे आप निगाहें मिलाइये
बन्दे[6] नक़ाब[7] खोलिये सूरत दिखाइये
आँखों में नूर चेहरे पे सिक्कों की चाँदनी
यह किस का खूँ है किस का उजाला बताईये
जलवा[8] दिखा के हम से छिपे जा रहे हैं आप

है ज़ौक़े दीद[9] कब से इसी पेचोताब[10] में
ख़ुर्शीद[11] है के बर्क़[12] छिपी है नक़ाब में
मुझ तक कब उन की बज़्म[13] में आता था दौरे जाम[14]
साक़ी ने कुछ मिला न दिया हो शराब में
क्या चीज़ इतने प्यार से छलका रहे हैं आप

माज़ी[15] के तजुर्बों[16] को भुलाया न जायेगा
हम से फ़रेब[17] जान के खाया न जायेगा
हो जाये अपनी गर्द[18] में गुम क़ाफ़िला[19] जहाँ
उस सिम्त इक क़दम भी उठाया न जायेगा
किस रास्ते पे हम को लिये जा रहे हैं आप।

तुफ़ाँ भी झूम झूम के आँधी भी आई है
इक शमअ् कितने झोंकों से हमने बचाई है
वह अब्तरी[20], वोह बे सरो पाई[21], वाह ख़ल्फ़िशार[22]
सौ मुश्किलों के बाद अभी सफ़ जमाई हैं
फिर इंतिशार[23], बज़्म[24] में फैला रहे हैं आप

1. दयावान, कृपालु
2. दुर्भाग्य शाली 3. आदर सम्मान
4. प्रयास
5. मार्गदर्शक का प्रबन्ध
6. व 7. ढका पर्दा
8. चमत्कार
9. देखने का आनन्द 10 गुत्थी
11. सूर्य 12. बिजली 13. सभा
14. शराब का ग्लास 15. प्राचीन
16. अनुभवों 17. धोखा 18. धूल
19. यात्रीदल
20. बुरी दशा 21. ख़ाली हाथ
22. झंझट
23. अव्यवस्था, 24. सभा

ज़ौक़े अमल[24] ही जाग गया है तो आईये
यह साज़े इन्क़िलाब है कुछ गुनगुनाईये
काँधे पे रख के सुर्ख़ अलम[25] आन-बान[26] से
हर सिम्त[27] इत्तिहाद[28] का परचम उड़ाईये
क्यों राह सख़्त देख के कतरा रहे हैं आप

बेचारगी-ए-ज़ीस्त[29] ये है मौत ख़ंदः ज़न[30]
रोटी तो क्या, ग़रीबों को मिलता नहीं कफ़न
बिकते हैं जिस्म होती हैं नीलाम इस्मतें[31]
फिरती है बाल खोले हुए ग़ैरते बतन[32]
उठिये के बस हमीं पे तरस खा रहे हैं आप

उस वक़्त भी जो ख़ुए निफ़ाक़[33] आप छोड़ते
मिल जुल के आफ़तों[34] की कलाई मरोड़ते
लाते उन्हें मनाके जो रूठे हैं देर से
टूटे हुए दिलों को मुहब्बत से जोड़ते
झल्ला के और शीशों को टकरा रहे हैं आप

24. कार्य करने का आनन्द
25. निशान, चिह्न 26. सम्मान या आदर से
27. हर ओर 28. एकता
29. लाचार जीवन 30. हँसने वाली
31. सतीत्व
32. स्त्री
33. द्वेष की भावना
34. परेशानियों

"सुपुर्दगी"[1]

ऐ के तुम दर्द-ए-गुलामी[2] की दवा भूल गये
खाके दिल्ली की हवा अहद-ए-वफ़ा[3] भूल गये
दोस्त से रूठ के ग़ैरों की जफ़ा[4] भूल गये
बाहमी जंग[5] में दुश्मन का गिला[6] भूल गये
इतना टकराये हो आपस में के ख़ुद काँपते हो
यूनियन जैक के साये में खड़े हाँपते हो

1. समर्पण 2. गुलामी का दुख
3. वायदा
4. अत्याचार, अन्याय
5. आपसी युद्ध 6. शिकायत

याद तो होगा तुम्हें भी वोह गुलामाना चलन[7]
घर के झगड़ों में रहा करते थे तुम दोनों मगन
आ गया ऐन लड़ाई में जो लन्दन से मिशन[8]
शिमला रोअ[9] होके झुका दी गई आख़िर गरदन
दर-ए-देवल पे 'हरि' ओर 'ग़नी' एक हुए
उस के दरबार में पहुँचे तो सभी एक हुए

7. पराधीनता की रीति
8. शासन चलाने हेतु समिति
9. शिमला की ओर

वोही फ़ौजें, वोही संगीनें, वोही शम्शीरें
वोही फ़रमान, वोही जौर,[10] वोही ता'ज़ीरें[11]
वोही जल्लाद, वोही दार,[12] वोही ज़जीरें
तुमने आज़ादी की देखी हैं किधर तस्वीरें
ज़ख़्म सीने का हँसी में न छिपाओ हम से
रहबरों आज निगाहें तो मिलाओ हम से

10. अत्याचार 11. दण्ड
12. क़ैद, कारावास

मादरे हिन्द[13] के होंठों पे फुग़ाँ[14] है के नहीं
रुए मिल्लत[15] पे गुलामी का छुआँ है के नहीं
रुह को आज भी एहसास-ए-ज़ियाँ[16] हैं के नहीं
पाँव में आज भी ज़जीर-ए-गिराँ[17] है के नहीं
जहद-ओ-[18] कुर्बानियों ईसार[19] का हासिल है यही
क्या जहाँ दौड़ के तुम बैंठे हो, मज़िल है यही

13. मातृभूमि 14. विलाप
15. जनता
16. हानि का ध्यान
17. कठिन, मूल्यवान
18. प्रयास 19. त्याग

तुमने सर सामने दुश्मन के झुकाया कैसे
अपने जयकारों को, नारों को भुलाया कैसे,

फ़त्ह[20] का ताज लुटेरों को पिनहाया कैसे
बढ़ के जल्लाद को सीने से लगाया कैसे
जब्र[21] यह सुलह[22] पे कहना था बहरे तौर[23] नहीं
तुम नुमाइन्दे[24] हमारे हो कोई और नहीं

20. सफलता
21. दमन 22. सन्धि 23. बहरहाल
24. प्रतिनिधि

जुँबिशे लब[25] दर-ए--दुश्मन[26] पे सदा की तौहीन[27]
ग़ैर से दोस्त की फ़र्याद-ओ-वफ़ा[28] की तौहीन
तक्यः-ए-इब्लीस[29] पे इर्फ़ान-ए-ख़ुदा[30] की तौहीन
मुंजमिद ख़ुन[31] में शो'ले से तपां हैं देखो
उफ़ुक़-ए-दार[32] से लाशें निगराँ हैं देखो

25. हांठ हिलाना 26. दुश्मन के द्वार पर
27. अपमान 28. प्रार्थना की पूर्ति
29. शैतान का तक्यः 30 एकेश्वर वाद
31. जमा हुआ ख़ून
32. आकाश का फन्दा

जाओ चटगाँव के जाँबाज[33] गुनहगार सही
वीर पंजाब के बंगाल के बदकार सही
था भगत सिंह ख़तावार[34] ख़तावार सही
लाल क्यूर के ग़द्दार थे ग़द्दार सही
मूपला से तो कभी शक्वः-ए-बेदाद[35] सुनो
सन बयालीस के कुश्तों[36] की तो फ़रियाद सुनो

33. साहसी
34. गलती करने वाला
35. अत्याचार की शिकायत
36. रक्तपात

अश्क[37] लौ देने लगे रक़्से शरर[38] से पहले
आग दौड़ी रगे एहसास पे घर से पहले
थी हमें फ़िक्र-ए-रफ़ू[39] ज़ख़्मे जिगर से पहले
चौंक चौंक उठे हैं आसरे सहर[40] से पहले
ख़्वाब पर भी असर-ए-सिलसिला-ए-ख़्वाब नहीं
अपनी तारीख़ में ग़फ़्लत[41] का कोई बाब[42] नहीं

37. आँसू 38. चिंगारियों का नृत्य
39. चिन्ता मुक्त करने वाला
40. प्रातः होने के लक्षण
41. लापरवाही 42. दरवाज़ा, द्वार

ज़िक्र-ए-माज़ी[43] न सुनो हाल के तवर देखो
कौंदते हैं ख़स्सो ख़ाशाक[44] में ख़जंर देखो
हाँ निहत्थों से कभी आँखा मिलाकर देखो
एक इक शेर है बिफरा हुआ लश्कर[45] देखो
तुम रहे जाते हो पीछे वोह बढ़े जाते है
नौजवाँ मौत के सीने पे चढ़े जाते हैं

43. भूतकाल की चर्चा
44. कूड़ा-करकट
45. सेना

आग कश्मीर के सीने में भड़कती है उठो
साहिल-ए-हिन्द[46] पे बर्क़[47] अब भी कड़कती है उठो
रुह ज़िन्दाने गुलामी[48] में फड़कती है उठो
छाती हर फ़ैक्ट्री की आज धड़कती है उठो
ज़र्रे-ज़र्रे[49] में है बेताब शरारे लाखों
सफ़े दुश्मन में भी हैं दोस्त तुम्हारे लाखों

46. भारतीय सीमा
47. पानी की बिजली 48. पराधीनता के कारावास में आत्मा
49. कण कण

आज इस बारे गुलामी[50] से बहुत चूर हैं सब
भूख से, प्यास से, आज़ार[51] से रंजूर[52] हैं सब
जान दे देने पे लड़ जाने पे मज्बूर हैं सब
फूँक दो सूर, के अब मुन्तज़िर-ए-सूर[53] हैं सब
एक झटके में फ़क़त[54] तौक़[55] उतर जायेगा
वर्ना ठुकरा के तुम्हें वक़्त गुज़र जायेगा

50. गुलामी का बोझ
51. कष्ट 52. दुखी
53. क़ियामत की तुरही की प्रतीक्षा
54. केवल 55. हार

"अन्देशे"[1]

रुह बेचैन है एक दिन की अज़ियत[2] क्या है
दिल ही शो'ला है तो यह सोज़े मुहब्बत[3] है
वोह मुझे भूल गई इस की शिकायत क्या है
रंज तो यह है के रो रो के भुलाया होगा

1. आशंका 2. कष्ट
3. प्रेम की आग

वोह कहाँ और कहाँ का पेशे ग़म[4], सोज़िश-ए-जाँ[5]
उस की रंगीन नज़र और नुकूश-ए-हुरमाँ[6]
उस का एहसास-ए-लतीफ़[7] ओर शिकस्त-ए-अरमाँ[8]
ता'नःज़न[9] एक ज़माना नज़र आया होगा

4. वर्तमान दुख 5. जान का दुख
6. निराशा
7. कोमलता का अनुभव 8.अभिलाषा की हार

झुक गई होगी जवाँ साल उमँगों की जबीं[10]
मिट गई होगी ललक, डूब गया होगा यक़ीं
छा गया होगा धुआँ, घूम गयी होगी ज़मीं
अपने पहले ही घरोंदे को जो ढाया होगा

9. समीक्षक 10. माथा

उसने घबरा के नज़र लाख बचाई होगी
मिट के एक नक़्श ने सौ शक्ल दिखाई होगी
मेज़ से जब मेरी तस्वीर हटाई होगी
हर तरफ़ मुझ को तड़पता हुआ पाया होगा

दिल ने ऐसे भी कुछ अफ़साने[11] सुनाये होंगे
अश्क[12] आँखों ने पिये और न बहाये होंगे
बन्द कमरे में जो ख़त मेरे जलाये होंगे
एक इक हर्फ़[12] जबी[13] पर उभर आया होगा

11. कहानी 11. आँसू

12. अक्षर 13. माथा

बेमहल[14] छेड़ यह जज़्बात[15] उबल आये होंगे
ग़म पशेमाँ तबस्सुम नहीं ढल आये होंगे
नाम पर मेरे जब आँसू निकल आये होंगे
सर न काँधे से सहेली के उठाया होगा

14. असमय 15. भाव

जुल्फ़ ज़िद करके किसी ने जो बनाई होगी
रुठे जलवों पे ख़िजाँ और भी छाई होगी
बर्क़[17] इश्वों[18] ने कई दिन न गिराई होगी
रंग चेहरे पे कई रोज़ न आया होगा

16. लज्जा का दुख

17. बिजली 18. सुन्दर स्त्रियों के हाव-भाव

"अवाम"

ऐ बतन इस क़द्र[1] उदास न हो इस क़द्र ग़र्क़े रंज-ओ-यास[2] न हो
ख़ाना जंगी है आख़िरी हरबा ज़र परस्तों[3] का हुक्मरानों का
साँप जिस वक़्त चोट खाता है ज़हर[4] फुनकार से उड़ाता है
जब सुअर ज़ख़्म खाके मरते हैं फाड़ खाने को जस्त[5] करते है
यूँ ही आता है इन्क़िलाब जहाँ और बदलता है ज़ीस्त[6] का उनवाँ[7]
हुक्मराँ,[8] हुक्मराँ के रखवालो यह मिलों वाले यह ज़मीं वाले
साहिबे जाह[9], तफ़्रिक़ः परदाज़[10] इंतिशार-ए-आफ़रीं[11] निफ़ाक़ नवाज़[12]
गुम[13] रही, जह्ल[14] वहम के रहबर[15] दौरे महकूमियत के नूरे नज़र[16]
अपनी आई को टालने के लिए गिरती पगड़ी संभालने के लिए

आड़ जुल्मों सितम[17] की लेते हैं
भाईयों को लड़ा भी देते हैं

लेकिन ऐ ग़मज़दा[18] ग़रीब वतन कहीं रूकता है इन्क़िलाब का धन
क़ल्ब-ए-जुम्हूर[19] हो चुका बेदार[20] अज़्मे मज़दूर हो चुका बेदार
ली किसानों ने तन के अंगड़ाई नौजवानों ने की सफ़आराई[21]
सुन के कश्मीर के जिहाद का शोर जाग उठी जुर्अत-ए-ट्रावंकूर
कनमनाई ज़मीन-ए-पटियाला हमला आवर हुआ तेलंगाना

ख़ानाजंगी के इस अंधेरे में
जल रही हैं हज़ार क़न्दीलें

रूक सकेगा न ज़िन्गी का वार मुड़ सकेगी न तेग़-ए-वक़्त की धार
झुक सकेगा न इन्किलाब का सर बुझ सकेंगे न हुर्रियत के शरर[22]
हो सकेगा न इर्तिक़ा धायल मर सकेगी न रुहे मुस्तक़बिल[23]
सुए बंगाल देख बारे दिगर[24] नौजवाँ उठ पड़े हैं बल खा कर
तेरी बिगड़ी बनाने उठे हैं आग घर की बुझाने उठे हैं
फिर खुला इत्तिहाद का परचम हिन्दू मुस्लिम हुए है फिर से बहम
लहर फिर आ गई बग़ावत की नीव हिलती है फिर हुकूमत की
फिर हमीयत[25] ने आग भड़काई नौजवानों ने फिर क़सम खाई
ख़ून से लेंगे, ख़ून का बदला घोंट देंगे बहीमियत[26] का गला
हम को कब तक लड़ायेंगे अंग्रेज़ जाल कब तक बिछायेंगे अंग्रेज़
यादे यौम-ए-रशीद की सौगन्द हर जरी हर शहीद की सौगन्द

बम्बई के जहाज़ियों की क़सम सूरमाओं की, ग़ाजियों[27] की क़सम

फूट की आग हम बुझा देंगे
क़त्ल-ओ-ग़ारतगिरी हम मिटा देंगे
बैर ताचन्द भाई का
रुख़ बदल देंगे उस लड़ाई का

रख के ऐवान-ए-सुलह[28] की बुनियाद मुस्कराती है अर्ज़-ए-हुस्न आबाद
पड़ नहीं सकती इस पे फूट की छाँव लाल झण्डे का क़िला है य गाँव
है यह जंग और जिहाद की बस्ती बाहमी इत्तिहाद[29] की बस्ती
है यह इज़्ज़त की आन की दुनिया जाके चौंके किसान की दुनिया
कुछ यहाँ भी हैं साहिबे इमाँ[30] जो बचाते हैं बे कसों[31] की जाँ

काम जो भाईयों के आते हैं
जख़्मियों को गले लगाते हैं

जब सुलगने लगा नवा खाली और आग आस पास फैल गई
सुर्ख़ पर्चम लिये किसान उठे बूढ़े, नौ उम्र, नौजवाँ उठे
घाट पर बढ़ के कर लिया क़ब्ज़ा दायें बायें लगा दिया पहरा
खींच दीं सरहदों[32] पे दीवारें छीन लीं मुफ़्सिदों[33] की तलवारें
शरपरस्तों[34] की आस टूट गयी लड़ने वालों की नब्ज़ छूट गयी

कुछ न निकले पुलिस के अरमान[35]
दर पे आकर पलट गया तूफ़ान

शातिरों[36] की उलट गयीं चालें जा बजा हो रही हैं हड़तालें
कारख़ानों से आ रहे हैं जुलूस मुन्तशिर[37] सफ़[38] जमा रहे हैं जुलूस
हो रहे हैं नई तरह से बहम जिनकी फ़ित्रत[39] है कोशिश-ए-पैहम[40]
जिन का मज़हब है मोर्चा बन्दी जिन का ईमाँ है हौसला मन्दी
जो पयम्बर हैं कामरानी[41] के हैं जो मेअमार[42] ज़िन्दगानी के
ज़र्द हैं सुन के तफ़्रिक़:[43] परदाज़ इत्तिहाद इत्तिहाद की आवाज़
गीत उख़ुव्वत[44] के गाये जाते हैं. ख़ूँ के धब्बे मिटाये जाते हैं
बढ़ता जाता है जोशे आजादी नारा ज़न है सुरोश-ए-आज़ादी[45]
झुक रही है बुलन्दियों[46] की जबीं[47] जैसे करवट बदल रही हैं ज़मीं
शोला आफ़शाँ[48] है सुबह-ए-बेदारी आख़िरी जंग की है तैयारी
जंग उन से जो फूट डालते हैं रात दिन गन्दगी उछालते हैं
जंग उन से जो ख़ून पीते हैं लूट कर दूसरों को जीते हैं

जंग सिक्कों की हुक्मरानी से
जंग बिरला से इस्फ़हानी से
लूट से, जुर्म से, गुनाह से जंग
ताज से जंग, बादशाह से जंग

ले, वोह मजरूह[49] व नीम जाँ बंगाल
तिलमिला कर संभालता है कुदाल
ले, वोह लिथड़ा हुआ लहू में बहार
अपने हंसियों की देखता है धार
थे ज़मींदार किस क़द्र मुज़्तर[50]
के बुझा दें हयात[51] के तेवर
डाल दें पाये वक़्त में ज़ंजीर
रात देखे न सुबह की तन्वीर[51]
ज़ो'फ़ इफ़लास[52] पर रहे तारी
सर उठाने न पाये नादारी[53]
पहलू हुक्काम के भी गरमाये
लीडरों से भी नाज़ उठवाये

खुल गई इफ़्तिराक़[54] की तब्लीग़[55]
दुश्मनी की निफ़ाक़ की तब्लीग़

मुत्तहिद हो गये किसान मगर
आँख झपकी बदल गया मंज़र[56]
गूँजते हैं हरे भरे मैदान
धान कटता हैं गा रहे है किसान
भीड़सी लग गयी है खेतों पर
लाठियाँ जमा हैं मुण्डेरों पर
नौजवाँ पैंतरे बदतले हैं
इस तरफ़ उस तरफ़ उछलते हैं
हैं ज़मींदार दम बखुद[57] सारे
आगे बढ़ते नहीं हैं हरकारे

भूख हक़ अपना आज पाती है
फ़सल कटती है बटती जाती है

जुअमा-ए-जागीरदार[58] ढहता है
मिल्कियत का हिसार ढहता है
ख़त्म होता है दौरे खूँख़्वारी
टलती है ला'नत-ए-ज़मींदारी
जो खपायेगा खेतियों में जान
उसके घर पर लगेगा अब खलियान
बीज जो बोयेगा, उगायेगा
धान आंगन में वोह सुखायेगा
क़हत[59] लेगा न अब किसी की जान
अब न रगडेंगे एड़ियाँ इंसान
अब न रोटी के एक टुकड़े पर
माँयें बेचेंगी अपने लख़्ते जिगर[60]
अब न बिखरेंगे दिल जवानों के
अब झुकेंगे न सर किसानों के

अब यह तूफ़ान बढ़ता जायेगा
अब यह सैलाब चढ़ता जायेगा

1. इतना अधिक 2. दुःख एवं सन्ताप में लीन 3. पूँजीपति 4. विष 5. छलांग 6. जीवन 7. शीर्षक 8. शासक 9. धन-दौलत का स्वामी 10. ताफ़्रिक़ः या अव्यवस्था फैलाने वाला 11. अव्यवस्थित करना धन्य हो 12. द्वेष उत्पन्न करने वाले 13. पथ भ्रष्ट 14. अनपढ़ 15. मार्गदर्शक 16. लाडले 17. घोर अत्याचार

18. दुखी, व्याकुल 19. लोकतंन्त्रीय मन 20. जागृत 21. पंक्ति बन्द 22. स्वाधीनता की चिंगारी 23. भविष्य की आत्मा 24. अन्य बातें, समस्याएं 25. स्वाभीमान 26. बर्बरता 27. देशभक्तों 28. सन्धि स्थल 29. आपसी एकता 30. ईमानवाले 31. निर्धनों की 32. सीमाओं 33. उपद्रवी, दुष्ट 34. असामाजिक तत्व 35. अभिलाषा 36. मक्करों 37. बिखरे हुए 38. पंक्ति 39 प्रकृति 40 आपसी प्रयास 41. सफलता 42. निर्माता 43. दो व्यक्तियों या दलों में परस्पर फूट डालने वाला 44. बन्धुत्व के 45. स्वतन्त्रता के दीवाने 46. शिखर 47. माथा 48. आग बरसानेवाला 49. धायल 50. विवश, मजबूर 51. प्रकाश 52. दुर्बलता दरिद्रता 53. निर्धनता 54. जुदाई, वियोग 55. प्रसार 56. दृश्य 57. मौन, हपद्रथ 58. पूंजीपतियों के लीडर 59. अकाल 60. लाडले पुत्र।

मस्नवी[1]

"ख़ाना जंगी"

1. उर्दू पद्य की एक क़िस्म, जिसमें कोई कहानी या उपदेश एक ही वृत्त में होता है और उसका हर शे'र दूसरे शे'र से रदीफ़ तथा क़ाफ़िए में नहीं मिलता और हर शे'र के दोनों मिस्रे सानुप्रास होते हैं।

कोई उम्मीद बर[1] नहीं आती	कोई सूरत नज़र नहीं आतीं
जब से आकर गये हैं अहलेमिशन[2]	ज़िन्दगी का बिगड़ गया है चलन

भाई भाई का खूँ बहाता है	एक को एक खाये जाता है
आँख पड़ती है जिस के माथे पर	तेवरियों[3] में लचकते हैं ख़ंजर[4]

हर तरफ़ शोर है दुहाई है	घर की तक़्सीम[5] पर लड़ाई है
सूखती है पड़ोसियों से जान	दोस्तों पर है क़ातिलों का गुमान

लोग घर से निकलते डरते हैं	रास्ते साँय साँय करते हैं
शहर वीरां[6] हैं बन्द बाज़ार	एण्डता है फ़िज़ा में गर्म गुबार[7]

नाके नाके पे है पुलिस का राज	हो चुका है गली गली ताराज
जीप हर मोड़ से गुज़रती है
हर तरफ़ फ़ौज गश्त[8] करती है

बोल-ऐ सरज़मीन-ए-कलकत्ता	कौन शो'लों को दे रहा है हवा
लग गई कितने आंचलों में आग	लुट गया कितनी देवियों का सुहाग
जुल्म अपनों ने कितने ढाये हैं	कितने घर फ़ौज ने जलाये हैं
हो गये बन्द कितने कारोबार	कितने मज़्दूर बैठे हैं बेकार
मिट गयी आस[9] बदनसीबों[10] की
रोटियाँ छिन गयीं ग़रीबों की

ख़ून रो ख़ून ऐ नवाखाली	हो गये देख घर के खाली
फ़ित्रत-ए-शरअ[11] में फ़साद[12] नहीं	रहज़नी दाख़िल-ए-जिहाद नहीं
कह के तक्बीर बाँध कर नियत	माँओ बहनों की लूट ली इज़्ज़त
रास्त इक़्दाम[13] ख़ूँ में डूब गया
आज इस्लाम, ख़ूँ में डूब गया

ऐ बहार उन को कुछ तसल्ली दे	बहनें रोती हैं भाईयों के लिए
ग़म में बच्चों के जाँ गँवाती हैं	माँयें सौ सौ पछाड़ें खाती हैं
तेरी रूहानियत का क्या कहना	तूने बच्चों का ख़ून चूस लिया
गीत गाकर महात्मा जी के	पेट माँओं के चाक कर डाले

दिल में बहनों के गाड़ के गाड़ कर भाला मुंह किया मुल्कों क़ौम[14] का काला

खूब अपनों से इंतिकाम[15] लिया
जाते दुश्मन का पाँव थाम लिया

देख ऐ बम्बई, बता दिल्ली बहती है किस के ख़ून की नदी
ख़ून बूढ़ों का, नौजवानों का ख़ून बच्चों का, बे ज़बानों का
ख़ून बहनों का, ख़ून माँओं का ख़ून दुखियों का, बेनवाओं[16] का
ख़ून दामन पर आस्तीनों पर ख़ून गर्दन पे, खूँ जबीनों[17] पर
ख़ून अहिंसाई पर जलाली पर ख़ून तिरंगे पे, खूँ हिलाली पर
ख़ून मज़हब पे, ख़ून ईमाँ पर ख़ून वेदों पे, ख़ून कुर्आं पर

चार सौ ख़ून चार सौ लाशें
कूब्कू[18] ख़ून रोबरू लाशें

हो कहाँ फ़ित्नः[19],दोस्त राहबरो आओ लाशें ज़रा शुमार[20] करो
लो यह इन्आम रहनुमाई का लो यह लाशों का ख़ून का तोहफ़ा
लो यह शेख़ो, बरहमन की लाश नस्ल की क़ौम की वतन की लाश
लाश इल्म-ओ-अदब की हिक्मत की लाश नानक की, पेशवा की लाश
लाश स्वराज की ख़िलाफत[21] की लाश हर जहद[22] हर बग़ावत[23] की

हो कहाँ फ़ित्नः, दोस्त राहबरो
आओ लाशें ज़रा शुमार करो
लो यह इन्आन रहनुमाई का
लो यह लाशों का ख़ून का तोहफ़ा

लो मुहम्मद अली की लाश है यह लो तिलक से बलि की लाश है यह
लो भगत सिंह से जवान की लाश लो यह है मोपला किसान की लाशा
लाश है यह अलाहदियत[24] की लाश है यह अखण्ड भारत की

हो कहाँ फ़ित्नः दोस्त राहबरों
आओ लाशें ज़रा शुमार करो
लो यह इन्आम रहनुमाई का
लो यह लाशों का ख़ून का तोहफ़ा
बैठ जाओ सरहाने लाशों के
तुम तो हीरो हो इन तमाशों के

आफ़रीं[25] हिन्दुओ, मुसलमानो लीग के कांग्रेस के परवानों
ख़ून के एक एक क़तरे[26] का तुमने अपनों से ले लिया बदला

लेकिन उस से मिला सके न निगाह
कर दिया जिसने ज़िन्दगी को तबाह

मन्दिरों की ज़मीनें दहला दीं   क़स्र[27] के साथ मस्जिदें ढा दीं
मूर्तियों के गलों से हार लिये   मक़्बरों के कलस उतार लिये
छान डाले तमाम ख़ुश्क-ओ-तर[28]   भर लिये दामनों में लाल-ओ-गुहर
रुए कश्मीर से उड़ाली आब[29]   लूट ली शान-ओ-शौकत पंजाब
हो गयी मालवे की नींद हराम   रात दे के अवध से ले ली शाम
ज़ुल्फ़-ए-बंगाल बढ़ के बिखरा दी   सुबह काशी पे धूम दौड़ा दी
अंखड़ियां का सुरूर[30] छीन लिया   इस्मतों[31] का ग़ुरूर छीन लिया
आरिज़ों[32] के गुलाब तोड़ लिये   माहताब,[33] आफ़ताब[34] तोड़ लिये
डाल दीं गुत्थियाँ तरन्नतुम में   कर्ब[35] हल कर दिया तबस्सुम में
इल्म-ओ-फ़न का जला दिया दामन   सनअतों[36] की मरोड़ दी गर्दन
बुज़दिली[37] बेहयाई, जहल, फ़रार   ज़िन्दगी को लगा दिये आज़ार[38]
क़ैद हैं मुफ़्लिसी[39] दफ़ीने[40] में   भूख बो दी ज़मीं के सीने में
राजा नव्वाब, सर मुनाफ़ा ख़ोर[41]   लाके घर में बसा दिये सौ चोर
ज़ीस्त[42] का बन्द बन्द खोल दिया   फूट का ज़हर ख़ूँ में घोल दिया

वह मगर हुक्मराँ है क्या कहिये
उस का सिक्का रवाँ है क्या कहिये

वक़्त बदला बदल गई दुनिया   तप के सांचे में ढल गई दुनिया
मुल्क के मुल्क हो गये आज़ाद   हो रहा है नया जहाँ[13] आबाद
ज़हर उतरता है तल्ख़कामी[14] का   मिट रहा है निशाँ ग़ुलामी का
कोशिशों ने बदल दीं तक़दीरें[15]   तोड़ दीं करवटों ने ज़ंजीरें

तिश्ना कामों[16] के पास जाम आया
दौरे आज़ादी-ए-अवाम आया

और यहाँ है अभी वही रफ़्तार   बाहमी जंग[47] बाहमी पैकार[48]
मंज़िले फ़त्ह के क़रीब आकर   अपने दस्ते पे फट पड़ा लश्कर[49]
जोड़कर तीर हाथ मोड़ दिया   लाके दुश्मन को ज़द पे छोड़ दिया
हाल-ओ-माज़ी[50] की इल्तिजा[51] न सुनी   अपनी तारीख़ की सदा[52] न सुनी
हो गयी मह-ए-दास्ताँन-ए-जिहाद[53]   मिट गयी अपने हम हमों की याद
शोर-ए-आतिशज़नी[54] कहाँ न उठा   यूनियन जैक से धुआँ न उठा

हिन्दू मुस्लिम वतन को भूल गये
सर तो काटे रसन को भूल गये

याद होगा किसे वह यौमे रशीद — वह दिलेरों, बहादुरों की ईद
वोह समाँसाज़े जंग बजने का — वक़्त वोह गूँजने, गरजने का
ख़ूँ शुदा अंखडियों में लरज़ाँ[55] आग — तिश्ना होंठों[56] पे इन्क़िलाब का राग
हॉल-ओ-माज़ी का ज़ख़्म सीनों पर — सुर्ख़ी-ए-अहद-ए-[57]नौ-जबीनों[58] पर
पंजा-ए-जब्र[59] मोड़ने का अहद — तौक़-ओ-ज़जीर[60] तोड़ने का अहद

कुहनः ऐवान[61] ढाने की तदबीर[62]
नई दुनिया बसाने की तदबीर

क़ाबिल-ए-दीद[63] था जिहाद का जोश — हिन्दु मुस्लिम र वाँ थे दोश बदोश[64]
एक साथ उठ रहे थे सब के क़दम — एक साथ उड़ रहे थे सब पर्चम
वोह तिरंगे का खुल के लहराना — वोह हिलाली-ए-इल्म का बल खाना
लाल झण्डा वोह दिल बढ़ाये हुए — वोह जवाँ तेवरियाँ चढ़ाये हुए
एक ही जस्त[65] एक ही रफ़्तार[66] — एक ही नारा एक ही ललकार
एक ही सई एक ही हासिल — एक ही मक़्सद[67] एक ही मंजिल
गोलियाँ ख़ूँ में भर रही थीं ज़क़न्द[68] — गैस नज़रों पे डालती थी कमन्द[69]
बर्छियाँ दिल में तोड़ती थीं ख़ार[70] — फ़ौज चुनती थी राह में दीवार

फिर भी बढ़ता ही जा रहा था जुलूस
सारी दीवारें ढा रहा था जुलूस

रुह टैगोर की थी ज़म्ज़मः ख़्वाँ[71] — चश्म सी.आर.दास थी निगराँ
जेल ख़ानों से आई थी आवाज़ — हाँ यही हौसले यही अन्दाज़
थी शहीदों की याद गर्म-ए-अमल — ख़ूँ की बूँदों में खिल रहे थे कंवल

तौक़ गलने पिघलने वाला था
मुल्क करवट बदलने वाला था

अब मगर कुछ जुज़ इन्फ़िआल[72] कहाँ — वोह शबो रोज़[73] माह-ओ-साल[74] कहाँ
हाथ थर्राए तेग़ छूट गयी — तीर बहके कमान टूट गयी

दे के दुश्मन को फ़त्ह का पैग़ाम
मुन्तशिर[75] हो गया जुलूस तमाम

अर्ज़-ए-बंगाल याद तो होगा — तुझको मंज़र वोह एक मर्क़द का[76]
जमा हिन्दू भी थे मुसलमाँ भी — धर्म भी सुर्ख़रू था कुआँ

मरने वाले का था दिलों पर राज — ख़ून अश्कों[77] से ले रहा था ख़िराज[78]
ले के मुट्ठी में क़ब्र की मिट्टी — इक मुसलमान ने दुआ की थी
ऐ शहीद ऐ दिलेर ऐ सरदार — ऐ सरापा मुरक़्क़ा-ए-ईसार[79]
ऐ ओलुल अज़्म[80] ऐ बुलन्दइक़बाल[81] — दौलते क़ौम नाज़िश-ए-बंगाले
काश यह तेरी क़ब्र की मिट्टी — हो बिना सुलहे मुलको मिल्लत की
काश यह तेरा गर्म गर्म लहू — बख़्श दे किश्ते दोस्ती को नमू[82]
नक़्श रंग-ए-जिहाद में भर दे — हिन्दू मुस्लिम को मुत्तहिद कर दे
आरज़ी सुलह[83] हिर्ज़े जाँ[84] हो जाये — काश यह लम्हा जाविदाँ हो जाये

शाद तबअ[85] मलूल[86] हो न सकी
वोह दुआ भी क़बूल हो न सकी

याद आता है आज रह रह कर — साहिले बम्बई तेरा मन्ज़र[87]
वोह जियले वोह दिल जले मल्लाह — वोह बहादुर वोह मन चले मल्लाह
ज़िन को तड़पा रही थी महकूमी[88] — ख़ून खौला रही थी महकूमी
ज़ुल्म इंसान किस क़द्र सहते — कब तक आख़िर ग़रीब चुप रहते

ज़िन्दगी को जलाल[89] आ ही गया
सर्द ख़ूँ में उबाल आ ही गया

बर्क़ चमकी, सिमट गये बादल — छिड़ गई जंग पड़ गई हलचल
आ गई जान नातवानो[90] में — अस्लिहे[91] बट गये जवानों में
सोज़े ग़ैरत[92] की आज़्माइश[93] थी — मुल्को मिल्लत की आज़्माइश थी
इम्तिहां शेख़ो बरहमन का था — इम्तिहां क़ौम का वतन का था
फ़त्ह की आरज़ू[94] में बद बढ़कर — गोलियाँ रोकते थे सीनों पर
तोप के मुँह पे चढ़ के लड़ते थे — मौत पर टूट पड़ते थे
होश बराँ[95] थे हुक्मरानों के — पुर्ज़े उड़ते थे बादबानों के
झूमते थे मचलते थे तूफ़ाँ — कश्तियों[96] से उबलते थे तूफ़ाँ
मौज धारे को मोड़े देती थी — लहर साहिल को तोडे देती थी

थे समुद्र पे सिक्कः ज़न[97] जाँ·बाज़
ले के तूफ़ान में खड़े थे जहाज़

बहरो बर की लचक रही थी कमर — उमड़ आता था शहर साहिल पर
थी ज़मीं बरहम आसमाँ बरहम — तिफ़्ल[98] थे नौजवाँ बरहम
थीं ज़ईफ़ों[99] की अँखुड़ियाँ गुलनार[100] — चितवनों में मचल रहे थे शरार[101]

शोर था ढा दो हाकिमों का गुरूर[102] तोड़ दो ज़ुल्म-ओ-जब्र[103] का दस्तूर[104]
ख़त्म कर दो बहीमियत[105] का राज
फ़र्क़-ए-जल्लाद से गिरा दो ताज

जिस क़द्र कर रही थी फ़ौज सितम[106] जम रहे थे मुजाहिदों[107] के क़दम
सख़्तियाँ हौसला बढ़ाती थीं तेवरियाँ और चढ़ती जाती थीं
उन को आसाँ न था दबा देना खेल ज़िन का था जाँ गवाँ देना
कामगारों का दीदनी[108] था जलाल ग़ैज़[109] में हो गये थे चेहरे लाल
रूक गई थी गरज मशीनों की कारख़ानों में धूल उड़ती थी
ऊँघते थे मिलों के रखवाले
फाटकों में लटकते थे ताले

एक दिन थी यह दारोगीर[110] जहाँ राज़ है अब मवालियों का वहाँ
गिर पड़ी दस्त-ए-क़ौम से शम्शीर बनते बनते बिगड़ गई तक़्दीर
रहनुमाओं ने साथ छोड़ दिया आसरा[111] क़ाफ़िले का तोड़ दिया
कर दिये दौड़ दौड़ कर सर ख़म[112] अपने हाथों झुका दिये पर्चम
क़ातिलों के गले में डाले हार चूम ली बढ़ के ख़ूँ भरी तलवार
माईल-ए-लुत्फ़[113] थे जो अहले मिशन
आजिज़ाना[114] बढ़ा दिये दामन
हो के मसूर[115] दे के दिल से दुआ
ख़ाना जंगी का ले लिया तोहफ़ा

1. उबरना, पूरा होना 2. मिशन वाले 3. बल, उतार चढ़ाव 4. तलवार 5. विभाजन 6. सुनसान 7. धूल 8. टहलना 9. आशा, उम्मीद 10. दुर्भाग्यशाली 11. इस्लामी प्रकृति 12. उपद्रव 13. सत्यपथ, सच्चा क़दम 14. देश व राष्ट्र 15. बदला 16. बेस्वर 17. माथे 18. गली गली में 19. शरारत 20. गिनती 21. सत्ता 22. प्रयास 23. विद्रोह 24. पृथकतावादी 25. धन्य 26. बूँद 27. महल 28. सूखा और तर 29. चमक 30. नशा 31. सतीत्व 32. गालों 33. चांद 34. सूरज 35. कष्ट 36. उद्योगों 37. कायर 38. कष्ट 39. निर्धनता 40. दबाहुआ धन 41. लाभ कमाने वाले 42. जीवन 43. संसार 44. कटुता 45. भाग्य 46. अधूरे काम 47. आपसी लड़ाई 48. आपसी युद्ध 49. सैन्यदल 50. वर्तमान व भूतकाल 51. प्रार्थना 52. ध्वनि, आवाज़ 53. जिहाद (धर्म युद्ध) की कहानी में खोना 54. आगज़नी 55. कम्पित 56. प्यासे होंठ 57. वर्तमान युग की सुर्ख़ी 58. मार्थो पर 59. बलपूर्वक पंजा मोड़ना 60. हार व जज़ीर 61. पुराना स्थल 62. तरकीब 63. देखने योग्य 64. कंधे से कंधा मिलाकर 65. छलांग 66. चाल 67. उद्देश्य 68. चौकड़ी, छलांग 69. फन्दा 70. काँटा 71. राग अलापना 72. पश्चाताप का भाग 73. दिन रात 74. वर्ष माह 75. सामूहिक त्याग 76. क़ब्र 77. महान सम्मान 78. प्रशंसा श्रद्धांजलि 79. सामूहिक त्याग 80 साहसी 81. महान सम्मान 82. विकास 83. क्षणिक संन्धि 84. प्राणों की रक्षा का कवच 85. प्रसन्न स्वभाव 86. दुखी 87. दृश्य 88. पराधीनता 89. तेज, प्रताप 90. कमज़ोर, दुर्बल, क्षीण 91. हथियार 92. जलाने

वाला आत्मसम्मान 93. परीक्षा 94. अभिलाषा 95. होश उड़े हुए 96. नौकाओं 97. वीराजमान 98. बच्चे 99. बूढ़ों 100. खिली हुई 101. चिंगारियों 102. घमण्ड 103. दमन 104. रीत 105. बर्बरता106. हिंसा, अत्याचार 107. वीरों 108. देखने योग्य 109. प्रकोप, रोष 110. पकड़-धकड़ 111 उम्मीद, आशा 112. सर झुकाना 113. आनन्द की ओर झुके 114. विवश होकर 115. प्रसन्न।

इंतिसाब[1]

शौकत के नाम

ऐसा झोंका भी इक आया था के दिल बुझने लगा
तूने इस हाल में भी मुझको संभाले रखा

कुछ अंधेरे जो मिरे दम से मिले थे तुझको
आफ़रीं[2] तुझ को, के नाम उनका उजाले रखा

मेरे ये सज्दे[3] जो आवारः भी बदनाम भी हैं
अपनी चौखट पे सजा ले जो तिरे काम के हों

1. किसी पुस्तक आदि को किसी के नाम समर्पित करना
2. धन्यवाद, शाबाश 3. माथा टेकन

एक दुआ
(शबानः के जन्म दिन पर)

अब और क्या तेरा बीमार बाप देगा तुझे
बस इक दुआ के खुदा तुझ को कामयाब[1] करे
वह टाँक दे तिरे आँचल में चांद और तारे
तू अपने वास्ते जिस का भी इंतिख़ाब[2] करे।

1. सफ़ल 2. चुनाव

नौजवान

मुज़्दः[1] मायूस वतन गोद के पाले आये
फिर सरे बज़्म[2] तिरे चाहने वाले आये
साज़िशें[3] देख के ज़ुल्मत[4] के उजाले आये
तिश्ना होंठों[5] की तरफ़ उड़ के प्याले आये
उन्हीं जकड़े हुए हाथों में उठाले हम को
कभी आँखों कभी होठों से लगा ले हम को

1. धन्यवाद, शुभ समाचार
2. सभा में 3. षड़यन्त्र
4. अन्धकार 5. प्यासे होंठ

बस्तियों में कोई रौनक़ है न मैदानों में
गुलिस्ताँ[6] ख़ाक बसर[7] फिरते हैं वीरानों में
ख़ार[8] ही ख़ार हैं ता'मीर[9] के गुलदानों में
क़हत[10] के ढेर लगा रखे हैं खलियानों में
कभी काटे थे अँगूठे तिरे अय्यारी[11] ने
आज बाज़ू भी क़लम कर दिये बेकारी ने

6. बाग़, उद्यान 7. बिताना
8. काँटे 9. निर्माण
10. अकाल 11. छल कपट

बिजलियाँ निज़्द-ए-नशेमन[12] हैं ख़बर है के नहीं
दोस्त की शक़्ल के दुश्मन हैं ख़बर है के नहीं
कुछ फुसूँ[13] गर पसे चिल्मन[14] हैं ख़बर है के नहीं
और कुछ दस्त बः दामन[15] हैं ख़बर है के नहीं
दे के इम्दाद[16] कोई फिर न दग़ा[17] दे तुझ को
यह चराग़-ए-तह-ए-दामाँ[18] न जला दे तुझ को

12. घर के निकट
13. माया लोभी
14. पर्दे में
15. हाथ दामन
16. सहायता 17. धोखा
18. जाल में फंसा हुआ

हम बसायेंगे सजायेंगे सँवारेंगे तुझे
हर मिटे नक़्श को चमका के उभारेंगे तुझे
अपनी शह रग का लहू दे के निखारेंगे तुझे
दार पर चढ़ के फिर इक बार पुकारेंगे तुझे
राह अग़ियार[19] की देखें यह भले तौर नहीं
हम भगत सिहं के साथी हैं कोई ओर नहीं

19. अन्य, ग़ैर, दूसरे

हम वो दीपक हैं जो आँधी में जला करते हैं
हम वोह गुन्चे[20] हैं जो बिजली पे हँसा करते हैं
दर्द बन के दिल-ए-गीती[21] में उठा करते हैं
उठ के आईन-ए-फुग़ाँ[22] तोड़ दिया करते हैं
ज़ुल्मत-ए-ग़म[23] में चमक उठते है तारों की तरह
दौड़ जाते है फ़िज़ाओं में शरारों[24] की तरह

20. फूल
21. दिल की दुनिया का संसार
22. विलाप का नियम
23. दुखी अंधियारा
24. चिंगारी

ज़िन्दगी हम से सदा शो'ला जवानी माँगे
इल्म-ओ-हिक्मत का ख़ज़ाना हमःदानी[25] माँगे
ऐसी ललकार के तलवार भी पानी माँगे
ऐसी रफ़्तार के दरिया भी रवानी[26] माँगे
जोश सीनों में भड़कता है ज्वाला जैसे
इत्तिहाद इतना मुनज़्ज़म[27] है हिमाला जैसे

भूख ने प्यास ने, इफ़्लास[28] ने पाला है हमें
कभी बहके हैं तो फ़ाक़ों[29] ने संभाला है हमें
जब्र[30] ने आहनी तंज़ीम[31] में ढाला है हमें
झोंपड़े फूंक के मैदाँ में निकाला है हमें
आज हर मोड़ पे लिखेंगे कहानी अपनी
अपनी धरती में समो देंगे जवानी अपनी

25. सर्वज्ञता
26. प्रवाह, वेग, तीव्रता
27. संगठित
28. निर्धनता
29. व्रत, भूख
30. हिंसा 31. लौह संगठन

दा'वत

कोई देता है दर-ए-दिल पे मुसलसल[1] आवाज़
और फिर अपनी ही आवाज़ से घबराता है
अपने बदले हुए अन्दाज़ का एहसास नहीं
मेरे बहके हुए अन्दाज़ से घबराता है
साज़ उठाया है के मौसम का तक़ाज़ा[2] था यही
काँपता हाथ मगर साज़ से घबराता है
राज़[3] को है किसी हमराज़[4] की मुद्दत से तलाश
और दिल सोहबत-ए-हमराज़[5] घबराता है
शौक़ यह है के उड़े वोह तो ज़मीं साथ उड़े
हौसला यह है के परवाज़ से घबराता है
तेरी तक़दीर में आसाइश-ए-अंजाम[6] नहीं
ऐ के तू शोरिश-ए-आग़ाज[7] से घबराता है
कभी आगे कभी पीछे कोई रफ़्तार है यह
हम को रफ़्तार का आहंग[8] बदलना होगा
ज़ेह्न[9] के वास्ते सांचे तो न ढालेगी हयात[10]
ज़ेहन को आप ही हर सांचे में ढलना होगा
यह भी जलना कोई जलना है के शो'लः न धुआँ
अब जला देंगे ज़माने को जो जलना होगा
रास्ते घूम के सब जाते हैं मन्ज़िल[11] की तरफ़
हम किसी रूख़ से चलें साथ ही चलना होगा

1. लगातार, निरंतर
2. आवश्यकता
3. गोपनीयता 4. मर्मज्ञ, सखा, दोस्त 5. दोस्त के साथ से
6. सुख परिणाम, सुखफल, सुखअन्त 7. प्रारम्भिक उत्तेजना
8. इरादा, संकल्प
9. बुद्धि 10. जीवन
11. लक्ष्य

नया हुस्न

कितनी रंगीं है फ़िज़ा, कितनी हसीं है दुनिया
कितना सरशार[1] है ज़ौक़-ए-चमन[2] आराई आज
इस सलीक़े से सजाई गई बज़्म-ए-गीती[3]
तू भी दीवार-ए-अजन्ता से उतर आई आज
रूनुमाई[4] की यह साअत[5] यह तही दस्ती-ए-शौक़[6]
न चुरा सकता हूँ आँखें, न मिला सकता हूँ
प्यार सौग़ात,[7] वफ़ा नज़र, मुहब्बत तोहफ़ा
यही दौलत तिरे क़दमों पे लुटा सकता हूँ
कब से तख़य्युल[8] में लरज़ाँ[9] था यह नाज़ुक पैकर[10]
कब से ख़्वाबो[11] में मचलती थी जवानी तेरी
मेरे अफ़साने का उनवान[12] बनी जाती है
ढल के सांचे में हक़ीक़त[13] के कहानी तेरी
मर्हले[14] झील के निखरा है मज़ाक़-ए-तख़्लीक़[15]
सई पैहम[16] ने दिये हैं यह ख़दोखाल[17] तुझे
ज़िन्दगी चलती रही काँटो पे, अंगारों पर
जब मिली इतनी हंसीं, इतनी सुबुक चाल[18] तुझे
तेरी क़ामत[19] में है इंसाँ की बुलन्दी का वक़ार[20]
दुख़्तरे शहर[21] है, तहज़ीब का शहकार है तू
अब न झपकेगी पलक, अब न हटेंगी नज़रें
हुस्न का मेरे लिए आख़िरी मिअयार[22] है तू
यह तेरा पैकर-ए-सीमीं[23] यह गुलाबी सारी
दस्त-ए-मेहनत[24] ने शफ़क़[25] बुन के उढ़ा दी तुझको
जिस से महरूम[26] है फ़ित्रत का जमाल-ए-रंगीं[27]
तर्बियत[28] ने वोह लताफ़त[29] भी सिखादी तुझ को
आगही[30] ने तिरी बातों में खिलाईं कलियाँ
इल्म ने शक्करीं लहजे[31] में निचोड़े अंगूर
दिलरूबाई[32] का यह अन्दाज किसे आता था
तू है जिस सांस में नज़्दीक, उसी सांस में दूर
यह लताफ़त,[33] यह नज़ाकत[34], यह अदा, यह शोख़ी[35]
सौ दिये जलते हैं उमड़ी हुई ज़ुल्मत[36] के ख़िलाफ़

1. उन्मत्त, मदमस्त, प्रसन्न
2. चमन का आनन्द 3. संसार की सभा
4. अनावरण 5. क्षण, घड़ी
6. निर्धनता
7. उपहार, भेंट
8. कल्पना 9. कम्पित
10. कोमल आकृति
11. सपनों
12. शीर्षक
13. वास्तविकता
14. विकट समस्या 15. उत्पन्न करने का मज़ाक
16. निरन्तर प्रयास 17. मुख मुद्रा
18. हल्की चाल
19. शरीर, काया 20. सम्मान, प्रतिष्ठा
21. लाडली, पुत्री
22. मापदण्ड कसौटी, आदर्श
23. चांदी जैसा शरीर
24. हाथों की मेहनत
25. लालिय
26. वंचित 27.रंगीन रूप
28. दीक्षा 29. रोचकता
30. ज्ञान 31. मिठास भरा रूप
32. दिल का भला लगनेवाले
33. आनन्द, प्रमोद
34. कोमलता 35. चंचलता
36. अंधकार

लबे शादाब[37] पे छलकी हुई गुलनार[38] हंसी
इक बग़ावत[39] है यह आईन-ए-जराहत[40] के खिलाफ़
हौसले जाग उठे सोज़े यक़ीं[41] जाग उठा
निगह-ए-नाज़[42] के बेनाम इशारों को सलाम
तू जहाँ रहती है उस अर्ज़-ए-हंसी पर सिजदा
जिन में तू मिलती है उन राह गुज़ारों को सलाम
आ क़रीब आ के यह जोड़ा मैं परेशाँ कर दूँ
तश्नः कामी[43] को घटाओं का पयाम आजाये
जिस के माथे से उभरती हैं हज़ारों सुबहें
मेरी दुनिया में भी ऐसी कोई शाम आ जाये

37. पल्लवित होंठ
38. लाल 39. विद्रोह
40. आधात के संविधान
41. तपने वाला विश्वास
42. प्रियसी, महवूना
43. प्यास

एक बोसा

जब भी चूम लेता हूँ इन हँसी आँखों को
सौ चराग़ अंधेरे में झिलमिलाने लगते हैं
फूल क्या, शगूफ़े[1] क्या, चाँद क्या, सितारे क्या
सब रक़ीब[2] क़दमों पर सर झुकाने लगते हैं
रक़्स[3] करने लगती हैं मूर्त्ती अजन्ता की
मुद्दतों के लबबस्तः[4] ग़ार[5] गाने लगते हैं
फूल खिलने लगते हैं उजड़े उजड़े गुलशन[6] में
प्यासी प्यासी धरती पर अब्र[7] छाने लगते हैं
लम्हे भर को यह दुनिया जुल्म[8] छोड़ देती है
लम्हे भर को सब पत्थर मुस्कराने लगते हैं

1. कलियां
2. प्रतिद्वंद्वी
3. नृत्य, नाच
4. ख़ामोश, मौन 5. गढ़ा
6. उपवन, उद्यान,
7. बादल
8. अत्याचार

तेलंगाना

ज़ईफ़[1] मायें, जवान बहनें, झुके हुए सर उठा रही हैं
सुलगती नज़रों की आँच में भीगी भीगी पलकें सुखा रही हैं
लहू भरी चोलियों, फटे आँचलों से पर्चम बना रही हैं
तराना-ए-जंग गा रही हैं
ज़रा पुकार दो बेचैन नौजवानों को
ज़रा झंझोड़ दो कुचले हुए किसानों को
इधर से क़ाफ़िला-ए-इन्क़िलाब गुज़रेगा
बिछा दो सीना-ए-गीती[2] पे आसमानों को
सफ़ेद पलकों, खिंची हुई झुर्रियों में शो'ले मचल पड़े हैं
जवाँ निगाहों, जवाँ दिलों से, हज़ार तूफ़ाँ उबल पड़े हैं
भरे हुए दामनों में पत्थर, घरों से बच्चे निकल पड़े हैं
सब एक ही सिम्त चल पड़े हैं
जता दो क़स्र-ए-हुकूमत[3] के सब मकीनों[4] को
बचा सकें तो बचा लेंगे शहनशीनों[5] को
तरसते रहते हैं जो हाथ आस्तीं के लिए
जलाल में वोह उलट देते हैं ज़मीनों को
चमक रहे हैं गठीले शानों पे फावड़े, बेल्चे, कुदालें
उड़ा रही हैं हवा में चिंगारियाँ तुफ़ंगों[6] की गर्म नालें
वोह गोलियाँ वे झिझक लहू में जो बादशाहों के भी नहालें
वोह गोफने ताज जो गिरालें
यह जस्त[7] रूस के मैदानों ने सिखाई है
यह फ़ौज चीन से होती दक्खिन में आई है
वोह उठ ख़डे हुए धरना दिये जो बैठे थे
के आज शाह के ऐवान पर चढ़ाई है
यह शहरयारी, यह ताजदारी, वुजूद[8] पर बार हो गई है
जफ़ा[9] की ख़ूगर ग़रीब दुनिया जफ़ा से बेज़ार[10] हो गई है
ज़मीन हर छावनी निगलने पे आज तैयार हो गई है
के भूख बेदार हो गयी है
न सर्फ़-ए-ख़ास[11] की हदबन्दियाँ[12] न जागीरें
हर एक गाम पे टूटी पड़ी हैं ज़ंजीरें

1. वृद्ध, बूढ़
2. संसार की सीने पर
3. शासन भवन 4. घर में रहने वाला
5. राजा, सम्राट
6. बन्दूक़ों
7. छलांग
8. अस्तित्व
9. अन्याय 10. अप्रसन्न, क्रुद्ध
11. विशेष व्यय 12. सीमाएं

वोह खेत कौन उजाड़ेगा कौन लूटेगा
उगी हुई हैं मुण्डेरों पर जिन के शम्शीरें
अवाम का इज़्तिराब[12] है यह, अवाम का पेचोताब है यह
सितम से दबना है ग़ैर मुमकिन, के हर सितम का जवाब है यह
समझते हो सत्याग्रह इस को, ज़िन्दगी का इताब[13] है यह
झुकादो सर इन्क़िलाब है

कहाँ जिहाद[14], कहाँ जिद्दोजहद[15] की मन्ज़िल,
मुफ़ाहमत[16] नहीं पाती जिहाद का हासिल[17]
हवा-ए-तुन्द[18] ने गूँधी हैं जुल्फ़-ए-आज़ादी[19]
बग़ावतों ने निखारा है हुस्न-ए-मुस्तक़्बिल[20]
हयात[21] अंगड़ाई ले के अपना निज़ाम[22] अब खुद संभालती है
जली हुई बस्तियों पे ता'मीर-ए-अक्स[23] शहरों का डालती है
रविश[24] रविश को शगूफ़ाकारी[25] चमन के साँचे में ढालती है
कली कली रंग उछालती है

लहू से सीना-ए-गीती[26] के दाग़ धोये है
जगा के ख़ाक की क़िस्मत, शहीद सोये हैं
कहीं की फ़ौज सही उस तरफ़ का रूख़ न करे
यहाँ ज़मीन में बम मनचलों ने बोये हैं
उभरती इंसानियत की तौहीन[27] है तशद्दुद[28] की हुक्मरानी
जबीन-ए-तारीख़[29] पर है इक दाग़ आज की मुत्लक़-उल-इनानी[30]
तुम्हारे हमराह[31] फ़तह-ओ-नुसरत,[32] तुम्हारे क़दमों में कामरानी
मुजाहिदो! वोह है राजधानी

12. बैचेनी, प्रकोप
13. प्रकोप
14. धर्म युद्ध 15. प्रयास
16. सन्धि 17. फल
18. तीव्र हवा
19. स्वतन्त्रता की जुल्फ़
20. भविष्य की सुन्दरता
21. जीवन 22. शासन, सत्ता 23. निर्माण की परछाई 24. गतिविधियों
25. पल्लवित
26. संसार के सीने में
27. अपमान
28. हिंसा 29. माथे के इतिहास पर
30. निरंकुशता 31. साथ, संग 32. सफलता

मकान

आज की रात बहुत गर्म हवा चलती है
आज की रात न फुटपाथ पे नींद आयेगी
सब उठो, मैं भी उठूँ, तुम भी उठो, तुम भी उठो
कोई खिड़की इसी दीवार में खुल जायेगी

यह ज़मीं तब भी निगल लेने पे आमादा[1] थी
पाँव जब टूटती शाख़ों से उतारे हमने
उन मकानों को ख़बर है न मकीनों[2] को ख़बर
उन दिनों की जो गुफाओं में गुज़ारे हमने

हाथ ढलते गये साँचे में तो थकते कैसे
नक़्श[3] के बाद नये नक़्श निखारे हमने
की यह दीवार बुलन्द[4] और बुलन्द, और बुलन्द
बाम-ओ-दर[5] और ज़रा और सँवारे हमने

आँधियाँ तोड़ लिया करती थीं शमूओं की लवें
जड़ दिये इस लिये बिजली के सितारे हम ने
बन गया क़स्र[6] तो पहरे पे कोई बैठ गया
सो रहे ख़ाक पे हम शोरिश-ए-ता'मीर[7] लिये

अपनी नस नस में लिए मेहनत-ए-पैहम की थकन
बन्द आँखों मं इसी क़स्र की तस्वीर लिये
दिन पिघलता है इसी तरह सिरों पर अब तक
रात आँखों में खटकती है सियाह[8] तीर लिये

आज की रात बहुत गर्म हवा चलती है
आज की रात न फुटपाथ पे नींद आयेगी
सब उठो, मैं भी उठूँ, तुम भी उठो, तुम भी उठो
कोई खिड़की इसी दीवार में खुल जायेगी

1. तैयार, सहमत
2. भवनों में रहनेवाले
3. चित्र, आकृति
4. ऊंचे
5. छत व द्वार
6. भवन
7. निर्माणकारी आन्दोलन
8. काले

आवारा सिज्दे

(कम्यूनिस्ट इकाई के टूटने पर)

एक यही सोज़-ए-निहाँ[1] कुल मेरा सरमाया[2] है
दोस्तो मैं किसे यह सोज़-ए-निहाँ नज़्र[3] करूँ
कोई क़ातिल सर-ए-मक़्तल[4] नज़र आता ही नहीं
किसको दिल नज़्र करूँ और किसे जाँ नज़्र करूँ
तुम भी महबूब मिरे, तुम भी हो दिलदार मिरे
आश्ना[6] मुझे से मगर तुम भी नहीं, तुम भी नहीं
ख़त्म है तुम पे मसीहा नफ़सी, चारः गरी[7]
महृम-ए-दर्द-ए-जिगर[8] तुम भी नहीं, तुम भी नहीं
अपनी लाश आप उठाना कोई आसान नहीं
दस्त-ओ-बाज़ू[9] मिरे नाकारा हुए जाते हैं
जिन से हर दौर में चमकी है तुम्हारी दहलीज़
आज सिज्दे वही आवारा हुए जाते हैं
दूर मन्ज़िल थी, मगर ऐसी भी कुछ दूर न थी
ले के फिरती रही रस्ते ही में वह्शत[10] मुझ को
एक ज़ख़्म ऐसा न खाया के बहार आ जाती
दार[11] तक ले के गया शौक़-ए-शहादत[12] मुझ को
राह में टूट गये पाँव तो मालूम हुआ
जुज़[13] मिरे और मेरा राहनुमा कोई नहीं
एक के बाद ख़ुदा एक चला आता था
कह दिया अक़्ल ने तंग आ के ख़ुदा कोई नहीं

1. छिपी हुई तपन 2. पूँजी
3. प्रस्तुत
4. हत्यास्थल
5. प्रिय 6. परिचित 7. सहायक
8. मर्म दुखी
9. हाथ व भुजा
10. भय
11. फन्दा 12. बलिदान का शौक़
13. भाग, हिस्सा

नेहरू

मैंने तन्हा[1] कभी़ उस को देखा नहीं
फिर भी जब उसको देखा वोह तन्हा मिला
जैसा सह्रा[2] में चश्मः कहीं
या समन्दर में मीनार-ए-नूर
या कोई फ़िक्र-ए-ओहाम[3] में
फ़िक्र[4] सदियों[5] अकेली अकेली रही
ज़ेह्न[6] सदियों अकेला अकेला मिला

1. एकान्त
2. मरूस्थल
3. भ्रान्ति
4. चिन्ता
5. शताब्दियों 6. मस्तिष्क

ओर अकेला अकेला भटकता रहा
हर नये पुराने ज़माने में वोह
बे ज़बाँ तीरगी[7] में कभी
और कभी चीख़ती धूप में
चाँदनी में कभी ख़्वाब की
उस की तक़्दीर थी एक मुसल्सल[8] तलाश
ख़ुद को ढूँढ़ा किया हर फ़साने[9] में वोह

7. मौन अंधकार, चुप अंधकार
8. निरन्तर
9. कहानी

बोझ से अपने उस की कमर झुक गई
क़द मगर और कुछ और बढ़ता रहा
ख़ैरो शर[10] की कोई जंग हो
ज़िन्दगी का हो कोई जिहाद
या कोई मा'रिकः[11] इश्क़ का
वोह हमेशः हुआ सब से पहले शहीद
सबसे पहले वोह सूली पे चढ़ता रहा

10. बुराई
11. लक्ष्य

जिन तक़ाज़ों[12] न उस को दिया़ था जनम
उन की आगोश[13] में फिर समाया न वोह
ख़ून में दीद[14] गूँजे हुए
और जबीं पर फ़ुरोज़ाँ[15] अज़ाँ[16]
और सीने पे रक़्साँ[17] सलीब

12. आवश्यकता
13. अंक, गोद
14. दीप्तीमान अज्ञान
15. प्रकाशमान 16. नमाज़ का बुलावा
17. नृत्य

बे झिझक सब के क़ाबू में आता गया
और किसी के भी क़ाबू में आया न वोह

हाथ में उस के क्या था जो देता हमें
सिर्फ़ एक कील, उसी कील का इक निशाँ
नशा-ए-मय[18] कोई चीज़ है
इक घड़ी दो घड़ी एक रात
और हासिल वही दर्द-ए-सर
उसने ज़िन्दाँ[19] में लेकिन पिया था जो ज़हर
उठ के सीने से बैठा न उस का धुआँ

18. शराब का नशा

19. कारागार

आख़िरी रात

चाँद टूटा पिघल गये तारे
क़त्रः[1] क़त्रः टपक रही है रात
पलकें आँखों पे झुकती आती हैं
अँखड़ियों में खटक रही है रात
आज छेड़ो न कोई अफ़साना
आज की रात हम को सोने दो

खुलते जाते हैं सिमटे सुकड़े जाल
घुलते जाते हैं ख़ून में बादल
अपने गुलनार पंख[2] फैलाये
आ रहे हैं इसी तरफ़ जंगल
गुल[3] करो शम्अ, रख दो पैमाना
आज की रात हम को सोने दो

शाम से पहले मर चुका था शहर
कौन दरवाज़ा खटखटाता है
और ऊंची करो यह दीवारें
शोर आँगन में आया जाता है
कह दो है आज बन्द मैख़ानः[4]
आज की रात हम को सोने दो

जिस्म ही जिस्म हैं, कफ़न ही कफ़न
बात सुनते न सर झुकाते हैं
अमन की ख़ैर, कोतवाल की ख़ैर
मुर्दे क़ब्रों से निकले आते हैं
कोई अपना न कोई बेगाना
आज की रात हम को सोने दो

कोई कहता था ठीक कहता था
सरकशी[5] बन गई है सब का शिआर[6]

1. बूँद
2. लाल पंख
3. बन्द, समाप्त, बुझाना
4. मदिरालय
5. उद्दण्डता अवज्ञा 6. नीति

क़त्ल पर जिनको ए'तिराज़[7] न था
दफ़्न होने पे क्यों नहीं तय्यार
होशमन्दी[8] है आज सो जाना
आज की रात हम को सोने दो

7. आपत्ति

8. चेतनाशील

आदत

मुद्दतों[1] में इक अन्धे कुँए में असीर[2]
सर पटकता रहा, गिड़गिड़ाता रहा
रोशनी चाहिये, चाँदनी चाहिये, ज़िन्दगी चाहिये
रोशनी प्यार की, चाँदनी यार की, ज़िन्दगी दार[3] की

अपनी आवाज़ सुनता रहा रात दिन
धीरे धीरे यक़ीं दिल को आता रहा
सूने संसार में
बेवफ़ा यार में
दामने दार[4] में
रोशनी भी नहीं
चाँदनी भी नहीं
ज़िन्दगी भी नहीं
ज़िन्दगी एक रात
वाहिमः काइनात[5]
आदमी बेसिबात[6]
लोग कोताहक़द[7]
शहर शहर हद
गाँव उन से भी बद[8]
उन अंधेरो ने जब पीस डाला मुझे
फिर अचानक कुँए ने उछाला मुझे
अपने सीने से बाहर निकाला मुझे
सैंकड़ों मिस्र थे सामने
सैंकड़ों उस के बाज़ार थे
एक बूढ़ी ज़ुलैख़ा नहीं
जाने कितने ख़रीदार थे
बढ़ता जाता था यूसुफ़ का मोल[10]
लोग बिकने को तय्यार थे
खुले गये महजबीनों[11] के सर
रेशमीं चादरें हट गयीं

1. समयन्तराल 2. क़ैद

3. फन्दा

4. अंचल का फन्दा

5. प्रकृति को जगत भ्रम 6. बेवजूद, बिना अस्तित्व

7. अल्प शरीर, छाटा शरीर

8. बुरे

9. मिस्र के नरेश ''अज़ीज़'' की स्त्री, जो हज़रत यूसुफ़ पर मुग्ध हो गई थी

10. मूल्य, महत्व

11. चन्द्रमा जैसे माथे वालों के

पलकें झपकीं न नज़रें झुकीं
मर्मरीं उँगलियाँ कट गयीं
हाथ दामन तक आया कोई
धज्जियाँ दूर तक बट गईं

मैंने डर के लगा दी कुँए में छलांग
सर पटकने लगा फिर उसी कर्ब[12] से
फिर उसी दर्द से गिड़गिड़ाने लगा
रौशनी चाहिये, चाँदनी चाहिये, ज़िन्दगी चाहिये।

12. कष्ट

"दाइरः"

रोज़ बढ़ता हूँ जहाँ से आगे
फिर वहीं लौट के आजाता हूँ
बारहा[1] तोड़ चुका हूँ जिन को
उन्हीं दीवारों से टकराता हूँ
रोज़ बस्ते हैं कई शहर नये
रोज़ धरती में समा जाते हैं
ज़लज़लों[2] में थी ज़रा सी गर्मी
वोह भी अब रोज़ ही आ जाते हैं

जिस्म[3] से रूह तलक रेत ही रेत
न कहीं धूप, न साया, न सराब[4]
कितने अर्मान[5] हैं किस सेहरा में
कौन रखता है मज़ारों का हिसाब
नब्ज़ बुझती भी भड़कती भी है
दिल का मा'मूल है घबराना भी
रात अंधेरे ने अँधेरे से कहा
एक आदत है जिये जाना भी
क़ौस[6] एक रंग की होती है तुलूअ[7]
एक ही चाल भी पैमाने की
गोशे गोशे[8] में खड़ी है मस्जिद
शक्ल क्या हो गयी मैख़ाने की
कोई कहता था समन्दर हूँ मैं
और मिरी जेब में क़त्रः भी नहीं
ख़ैरियत अपनी लिखा करता हूँ
अब तो तक़्दीर[9] में ख़तरा भी नहीं
अपने हाथों को पटका करता हूँ
कभी कुंआं कभी गीता की तरह
चन्द रेखाओं में सीमाओं में
ज़िन्दगी क़ैद है सीता की तरह
राम कब लौटेंगे, मालूम नहीं
काश रावन ही कोई आ जाता

1. अनेक बार
2. भूकम्पों
3. शरीर
4. मरीचिका, तृष्णा
5. अभिलाषा
6. आसमान का नवाँ बुर्ज जो कमान की शक्ल का नज़र आता है, धनक 7. निकलना, उदय होना
8. कोने कोने
9. भाग्य

इब्ने मरियम

तुम ख़ुदा हो
ख़ुदा के बेटे हो
या फ़क़त[1] अमन के पयम्बर[2] हो — 1. केवल
या किसी का हसीन तख़य्युल[3] हो — 2. सन्देश वाहक 3. सुन्दर कल्पना
जो भी हो मुझ को अच्छे लगते हो
मुझ को सच्चे लगते हो
उस सितारे में जिसमें सदियों[4] के — 4. शताब्दियों
झूट और कज़्ब[5] का अंधेरा है — 5. मिथ्या, असत्य
उस सितारे में, जिस को हर रुख से
रींगती सरहदों ने घेरा है
उस सितारे में जिस की आबादी
अमन बोती है जंग काटती है
रात पीती है नूर मुखड़ों का
सुबह सीनों का ख़ून चाटती है
तुम न होते जो जाने क्या होता
तुम न होते तो उस सितारे में
देवता, राक्षस, गुलाम, इमाम
पारसा[6], रिन्द[7], राहबर[8], रहज़न[9] — 6. पवित्र 7. उन्मत्त 8. मार्गदर्शक 9. लुटेरा
बरहमन, शेख़, पादरी, भिक्षु
सभी होते मगर हमारे लिए
कौन चढ़ता ख़ुशी से सूली पर

झोंपड़ों में घिरा यह वीराना
मछलियाँ दिन में सूखती हैं जहाँ
बिल्लियाँ दूर बैठी रहती हैं
और ख़ारिशज़दः[10] से कुछ कुत्ते — 10. खुजलाते हुए
लेटे रहते हैं बेनियाज़ाना[11] — 11. निश्चिंत
दुम मरोड़े के कोई सर कुचले
काटना क्या वोह भौंकते भी नहीं

और जब वोह दहकता अंगारा
छन से सागर में डूब जाता है
तीरगी ओढ़ लेती है दुनिया
कश्तियाँ[12] कुछ किनारे आती हैं
भंग, गाँजा, चरस, शराब, अफ़्यून
जो भी लाये, जहाँ से भी लायें
दौड़ते हैं इधर से कुछ साये
और सब कुछ उतार लाते हैं

12. नौकाएं

गाड़ी जाती है अद्ल[13] की मीज़ान[14]
जिस का हिस्सा उसी को मिलता है
यहाँ ख़तरा नहीं ख़यानत[15] का
तुम यहाँ क्यों खड़े हो मुद्दत से

13. न्याय 14. तुला
15. धोखा, विश्वासघात

यह तुम्हारी थकी थकी भेड़ें
रात जिन को ज़मीं के सीने पर
सुबह होते उँडेल देती है
मण्डियों, दफ़्तरों, मिलों की तरफ़
हाँक देती, धकेल देती है
रास्ते में ये रुक नहीं सकतीं
तोड़ के घुटने झुक नहीं सकतीं
इन से तुम क्या तवक़्क़ो[16] रखते हो
भेड़िया उन के साथ चलता है

16. आशा

तकते रहते हो उस सड़क की तरफ़
दफ़्न जिसमें कई कहानियाँ हैं
दफ़्न जिसमें कई जवानियाँ हैं
जिस पे इक साथ भागी फिरती हैं
ख़ाली जबीं भी और तिजोरियाँ भी
जाने किस का है इंतिज़ार[17] तुम्हें

17. प्रतिज्ञा

मुझ को देखो के मैं वही तो हूँ
जिस को कोड़ों की छाँव में दुनिया
बेचती भी ख़रीदती भी थी
मुझ को देखो के मैं वही तो हूँ
जिस को खेतों से ऐसे बाँधा था
जैसे मैं उन का एक हिस्सा था
खेत बिकते तो मैं भी बिकता था
मुझ को देखो के मैं वही तो हूँ
कुछ मशीनें बनाईं जब मैंने
उन मशीनों के मालिकों ने मुझे
बेझिझक उन में ऐसे झौंक दिया
जैसे मैं कुछ नहीं हूँ ईंधन हूँ

मुझ को देखो के मैं थका हारा
फिर रहा हूँ युगों से आवारा
तुम यहाँ से हटो तो आज की रात
सो रहूँ मैं इसी चबूतरे पर
तुम यहाँ से हटो ख़ुदा के लिए
जाओ वोह वियतनाम के जंगल
उस के मस्लूब शहर[18], ज़ख़्मी गाँव
जिन को इंजील पढ़ने वालों ने
रौंद डाला है फूँक डाला है
जाने कब से पुकारते है तुम्हें

जाओ इक बार फिर हमारे लिये
तुम को चढ़ना पड़ेगा सूली पर

18. सूली पर चढ़ाया हुआ नगर

दो पहर

यह जीत हार तो इस दौर का मुक़द्दर[1] है
यह दौर जो के पुराना नहीं नया भी नहीं
यह दौर जो के सज़ा भी नहीं जज़ा[2] भी नहीं
यह दौर जिस का बज़ाहिर[3] कोई ख़ुदा भी नहीं

तुम्हारी जीत अहम[4] है न मेरी हार अहम
के इब्तिदा[5] भी नहीं है यह इंतिहा[6] भी नहीं
शुरूअ मा'रिकः-ए-जाँ[7] अभी हुआ भी नहीं
शुरूअ हो तो यह हंगाम-ए-फ़ैसला भी नहीं

पयाम-ए-ज़ेर-ए-लब[8] अब तक है सूर-ए-इस्राफ़ील[9]
सुना किसी ने किसी ने अभी सुना भी नहीं
क्या किसी ने किसी ने यक़ीन[10] किया भी नहीं
उठा ज़मीन से कोई, कोई उठा भी नहीं

यह कारवाँ[11] है तो अँजाम[12]-ए-कारवाँ मा'लूम
के अजनबी भी नहीं कोई आश्ना[13] भी नहीं
किसी से ख़ुश भी नहीं है कोई ख़फ़ा[14] भी नहीं
किसी का हाल कोई मुड़ के पूछता भी नहीं

1. भाग्य
2. फल, पुरस्कार
3. बाहय रूप, प्रकट रूप में
4. महत्वपूर्ण 5. प्रारंभिक
6. अन्त
7. जान का लक्ष्य
8. होंठो पर सन्देश 9. वह फूँक जो समाप्त संसार को पुनः जीवित करेगी
10. विश्वास
11. यात्री दल 12. यात्री दल का परिणाम
13. परिचित
14. नाराज़, असहमत

बहरूपनी

एक गर्दन पे सैकडों चेहरे
और हर चेहरे पर हज़ारों दाग़[1]
और हर दाग़ बन्द दरवाज़ा
रौशनी उन से आ नहीं सकती
रौशनी उन से जा नहीं सकती

तंग सीना है हौज़ मस्जिद का
दिल वोह दोना पुजारियों के बाद
चाटते रहते हैं जिसे कुत्ते
कुत्ते दोना जो चाट लेते हैं
देवताओं को काट लेते हैं
जाने किस कोख ने जना उस को
जाने किस सहन में जवान हुई
जाने किस देस से चली कमबख़्त
वैसे यह हर ज़बान बोलती है
ज़ख़्म खिड़की की तरह खोलता है
और कहती है झांक कर दिल में
तेरा मज़हब, तेरा अज़ीम ख़ुदा[2]
तेरी तहज़ीब[3] के हसीन सनम[4]
सबको ख़तरे ने आज घेरा है
बाद उन के जहाँ अन्धेरा है

सर्द हो जाता है लहू[5] मेरा
बन्द हो जाती हैं खुली आँखें
ऐसा लगता हे जैसे दुनिया में
सभी दुश्मन हैं, कोई दोस्त नहीं
मुझ को ज़िन्दा निगल रही है ज़मीं

ऐसा लगता है राक्षस कोई
एक गागर कमर में लटकाकर

1. धब्बे
2. महान ईश्वर
3. संस्कृति 4. पत्थर
5. ख़ून

आसमाँ पर चढ़ेगा आख़िर शब[6]
नूर सारा निचोड़ लायेगा
मेरे तारे भी तोड़ लायेगा

यह जो धरती का फट गया सीना
और बाहर निकल पड़े हैं जुलूस
मुझ से कहते हैं तुम हमारे हो
मैं अगर इन का हूँ तो मैं क्या हूँ
मैं किसी का नहीं हूँ अपना हूँ

मुझ को तन्हाई[7] ने दिया है जन्म
मेरा सब कुछ अकेलेपना से है
कौन पूछेगा मुझ को मेले में
साथ जिस दिन क़दम बढ़ाऊँगा
चाल मैं अपनी भूल जाऊँगा

यह और ऐसे ही चन्द[8] और सवाल[9]
ढूँढने पर भी आज तक मुझ को
जिन के माँ, बाप का मिला न सुराग़[10]
ज़ेह्न[11] में यह उँढेल देती है
मुझ को मुट्ठी में भीच लेती है

चाहता हूँ के क़त्ल कर दूँ इसे
वार लेकिन जब इस पे करता हूँ
मेरे सीने पे ज़ख़्म उभरते हैं
मेरे माथे से ख़ूँ टपकता है
जाने क्या मेरा उस का रिश्ता है

आँधियों में अज़ान दी मैंने
संख फूँका अंधेरी रातों में
घर के बाहर सलीब लटकाई
एक एक दर से इस को ठुकराया

6. अन्तिम रात्रि
7. एकान्त
8. कुछ 9. प्रश्न
10. अता पता
11. मस्तिष्क

शहर से दूर जा के फ़ैंक आया
और ऐलान कर दिया के उठो
बॅर्फ़ सी जम गई है सीनों पर
गर्म बोसों से इस को पिघला दो
कर लो जो भी गुनाह[12] वोह कम है
आज की रात जश्न-ए-आदम है

यह मेरी आस्तीं से निकली
रख दिया दौड़ के चराग़ पे हाथ
मल दिया फिर अन्धेरा चेहरे पर
होंट से दिल की बात लौट गयी
दर तक आके बरात लौट गयी

इसने मुझ को अलग बुला के कहा
आज की ज़िन्दगी का नाम है ख़ौफ़[13]
ख़ौफ़ ही वोह ज़मीन है जिसे में
फ़िर्क़े[14] उगते हैं, फ़िर्क़े पलते हैं
धारे सागर से कट के चलते हैं

ख़ौफ़ जब तक दिलों में बाक़ी है
सिर्फ़ चेहरा बदलते रहना है
सिर्फ़ लहजः बदलते रहना है
कोई मुझ को मिटा नहीं सकता
जश्न-ए-आदम मना नहीं सकता

12. पाप

13. भय

14. सम्प्रदाय, वर्ग

"नज़्रानः"

तुम परेशान न हो, बाब-ए-करम[1] वा[2] न करो
और कुछ देर पुकारूँगा चला जाऊँगा
इसी कूचे में जहाँ चाँद उगा करते हैं
शब-ए-तारीक़[3] गुज़ारूँगा चला जाऊँगा

रास्तः भूल गया या यही मंज़िल है मिरी
कोई लाया है के ख़ुद आया हूँ मालूम नहीं
कहते हैं हुस्न की नज़रें भी हसीं होती हैं
मैं भी कुछ लाया हूँ, क्या लाया हूँ मालूम नहीं

यूँ तो जो कुछ था मिरे पास में सब बेच आया
कहीं इनआम मिला और कहीं क़ीमत भी नहीं
कुछ तुम्हारे लिये आँखों में छिपा रखा है
देख लों और न देखो तो शिकायत भी नहीं

एक तो इतनी हँसी दूसरे यह आराइश[4]
जो नज़र पड़ती है चेहरे पे ठहर जाती है
मुस्करा देती हो रस्मन भी अगर महफ़िल[5] में
इक धनक टूट के सीनों में बिखर जाती है

गर्म बोसों से तराशा हुआ नाजुक पैकर[6]
जिस की इक आँच से हर रूह पिघल जाती है
मैंने सोचा है तो सब सोचते होंगे शायद
प्यास इस तरह भी क्या सांचे मे ढल जाती है

क्या कमी है जो करोगी मिरा नज़्रानः[7] क़बूल
चाहने वाले बहुत, चाह के अफ़साने बहुत
एक ही रात सही गर्मी-ए-हँगामा-ए-इश्क़[8]
एक ही रात में जल मरते है पर्वाने बहुत

1. दया का विषय 2. प्रारम्भ, खोलना
3. अन्धेरी रात
4. सज्जा, श्रृंगार
5. सभा
6. शरीर
7. भेंट
8. प्रेम की गर्मी का हँगामा

फिर भी इक रात में सौ तरह के मोड़ आते हैं
काश तुम को कभी तन्हाई[9] का एहसास न हो
काश ऐसा न हो घेरे रहे दुनिया तुम को
और इस तरह के जिस तरह कोई पास न हो

आज की रात जो मेरी ही तरह तन्हा है
मैं किसी तरह गुज़ारूँगा चला जाऊँगा
तुम परेशान न हो, बाब-ए-करम वा न करो
और कुछ देर पुकारूँगा चला जाऊँगा

9. एकान्त

'ग़ज़ल'

सुना करो मिरी जाँ इन से उन से अफ़साने
सब अजनबी[1] हैं यहाँ कौन किस को पहचाने

यहाँ से जल्द[2] गुज़र जाओ क़ाफ़िले वालो!
हैं मेरी प्यास के फूँके हुए यह वीराने

मिरे जुनून-ए-परस्तिश[3] से तंग आ गये लोग
सुना है बन्द किये जा रहे हैं बुतख़ाने

जहाँ से पिछले पहर कोई तश्नः काम[4] उठा
वहीं पे तोड़े हैं यारों ने आज पैमाने

बहार आये तो मेरा सलाम कह देना
मुझे तो आज तलब[5] कर लिया है सह्रा[6] ने

हुआ है हुक्म के ''कैफ़ी' को संगसार[7] करो
मसीह बैठे हैं धुप के कहाँ खुदा जाने

1. अपरिचित
2. शीघ्र
3. पागलपन की सीमा तक भक्ति करने से।
4. प्यासा
5. आवश्यकता, इच्छा 6. मरुस्थल
7. पत्थर मारना

'ग़ज़ल'

पत्थर के ख़ुदा वहाँ भी पाये
हम चाँद से आज लौट आये

दीवारें तो हर तरफ़ खड़ी हैं
क्या हो गये मेह्रबान[1] साये[2]

1. दयावान 2. छाँव

जंगल की हवायें आ रही हैं
क़ाग़ज का यह शहर उड़ न जाये

लैला ने नया जनम लिया है
है क़ैस[3] कोई तो दिल लगाये

3. अरब का एक प्रेमी जो लैला पर मुग्ध था। लोग उसे मजनूँ कहते थे।

है आज ज़मीं का गुस्ल-ए-सेहत[4]
जिस दिल में हो जितना ख़ून लाये

4. स्वास्थ्य स्नान

सह्रा[5] सह्रा लहू[6] के ख़ेमे[7]
फिर प्यासे लब-ए-फ़ुरात[8] आये

5. मरुस्थल 6. ख़ून 7. तम्बू, शिविर
8. इराक की एक नदी का किनारा

'दूसरा तूफ़ान'

और फिर एक रात ऐसी आई
मैकदे[1] बुझ गये
सारे आतिशकदे[2] बुझ गये
मैकदों और आतिशकदों का नक़ीब[3]
एक मुजाहिद[4] अदीब[5]
ज़िन्दगी के लिए
जो हमेशा मशीय्यत[6] से लड़ता रहा
आदमी के लिए
जो ख़ुदा का गिरीबाँ[7] पकड़ता रहा
लड़ते लड़ते वोह इक रोज़ चुप हो गया
अपने ही इक सहीफ़े[8] से मुँह ढाँप के सो गया
लेकिन उस का क़लम
जिस के सौ नाम हैं
जिस के सौ काम हैं
लड़ रहा है उसी ढंग से आज तक
चल रहा है उसी रंग से आज तक
गाह[9] इस हाथ में
गाह उस हाथ में
चलते चलते कई उँगलियाँ मुड़ गयीं
और कई उँगलियाँ ने बुनीं
नित नई साजिशें[10]
नित नई रस्सियाँ
और फिर उस को सूली पर लटका दिया
अर्श[11] से कोई पैग़ाम[12] आया नहीं
आसमानों पे उस को बुलाया नहीं
उस की टूटी हुई पसलियों से मगर
इस तरह ख़ून रिसने टपकने लगा
रस्सियाँ जल गयीं
साज़िशें गल गयीं
नूह के अह्द का यह फ़साना नहीं

1. शराब घर
2. अग्निघर
3. प्रतिनिधि, प्रहरी
4. पराक्रमी 5. साहित्यकार
6. इच्छा
7. गला
8. पत्रिका, दैवपुस्तक
9. स्थान
10. षड्यन्त्र
11. आकाश 12. सन्देश

आज की बात है
उसने नोक-ए-ज़बाँ[13] पर समन्दर उठाया
उठा कर फ़िज़ाओं[14] में फैला दिया
कुर्रा-ए-अर्ज़[15] को ले के मिन्क़ार[16] में
यूँ उछाला खलाओं में लटका दिया
दश्त-ओ-दर[17] काँप उठे
बहर-ओ-बर[18] काँप उठे
बेख़बर[19] काँप उठे
बाख़बर[20] काँप उठे
यह वोह तूफ़ाँ नहीं डूब जाती है जिस में ज़मीन
उस में डूबी ज़मीनें उभर आती है

13. ज़बान की नोक पर
14. वातावरण
15. भूमण्डल
16. चोंच
17. जंगल व द्वार
18. सागर व पाताल
19. अनभिज्ञ
20. सचेत, सतर्क, होशियार

पहरा

अज़्म[1] का कोहगिराँ[2], दर्द की दीवार हैं हम
ज़ख़्म का ज़ख़्म हैं तलवार की तलवार हैं हम
जैसे झपकी नहीं सदियों[3] से यह बोझल पलकें
आज की रात कुछ इस तरह से बेदार[4] हैं हम
जाँ सरहद[5] से उठा जाल बिछाने वाले

जब मिली आँख मिली मौत का नज़राना लिए
जब हिले होंठे हिले ज़हर का पैमाना लिए
ख़ून बहता है तो बन जाती है तस्वीर तिरी
जंग इस हाथ में उस हाथ में वीराना लिए
तुझसा देखा न सुना ख़ून बहाने वाले

ज़िन्दगी तेरे तसव्वुर[6] से भी घबराती है
इतना नज़्दीक[7] न आ सांस घुटी जाती है
तूने सोने के कटोरे में यह क्या शै[8] पीली
गर्म सांसों से सड़े ख़ून की बू आती है
मुँह उधर फेर ज़रा प्यार जताने वाले

तेरा अहसान जो लें अपनी बहारें भूलें
खेत में क़हत उगें बाग़ में संकट फूलें
प्यास बन जाये मुक़द्दर[9] जो पियें तेरी शराब
आबले[10] हाथ में पड़ जायें जो सागर छू लें
यह रहा जाम तिरे ज़हर पिलाने वाले

क़िस्मतें[11] बन के तिरे दम से बिगड़ जाती हैं
बस्तियाँ दिल की तरह बस के उजड़ जाती हैं
तेल पी लेती है आँसू की तरह डर के ज़मीं
मण्डियां तेरी भनक पा के सुकड़ जाती हैं
सिक्का खोटा है तेरा दाँव लगाने वाले

नर्म[12] शाख़ों ने लचकने की सज़ा पाई है
एक इक फूल को तरसा के बहार आई है
तारे उतरे हैं ज़मीं पर के खिला है बेला
ढाक फूला है के शो'लों की घटा छाई है
है बहुत गर्म फ़िज़ा शाख़ झुकाने वाले

1. संकल्प, इरादा 2. मूल्यवान पर्वत
3. शताब्दियों
4. जागृत
5. सीमा
6. कल्पना
7. निकट
8. वस्तु
9. भाग्य
10. छाले
11. भाग्य
12. कोमल

हम वोह राही हैं जो मन्ज़िल की ख़बर रखते हैं
पाँव काँटों पे शगूफ़ों[13] पे नज़र रखते हैं
कितनी रातों से निचोड़ा है उजला हमने
रात की क़ब्र[14] पे बुनियाद-ए-सहर[15] रखते हैं
ओ अन्धेरे के ख़ुदा शम्अ बुझाने वाले।

13. कलियाँ

14. समाधि

15. प्रातः काल की नीव आधार

'प्यार का जश्न'

प्यार का जश्न नई तरह मनाना होगा
ग़म किसी दिल में सही, ग़म को मिटाना

काँपते होंटो पे पैमान-ए-वफ़ा[1] क्या कहना
तुझ को लाई है कहाँ लग्ज़िश-ए-पा[2] क्या कहना
मेरे घर में तिरे मुखड़े की ज़िया[3] क्या कहना
आज हर घर का दिया मुझ को जलाना होगा

1. वफ़ा का प्रण
2. पैरों का कम्पन, विचलन
3. प्रकाश

रूह[4] चेहरों पे धुँआ देख के शर्माती है
झेंपती झेंपती सी मिरे लब[5] पे हंसी आती है
तेरे मिलने की ख़ुशी दर्द बनी जाती है
हम को हँसना है तो औरों को हँसना होगा

4. आत्मा
5. होंठ

सोई सोई हुई आँखों में छलकते हुए जाम
खोई खोई हुई नज़रों में मुहब्बत का पयाम[6]
लब-ए-शीरीं[7] पे मिरी तश्नः लबी[8] का इनआम
जाने इनआम मिलेगा के चुराना होगा

6. सन्देश
7. मीठे ओंठ 8. प्यासे होंठ

मेरी गर्दन में तिरी संदली बाँहों का यह हार
अभी आँसू थे इन आँखों में अभी इतना ख़ुमार[9]
मैं न कहता था मिरे घर में भी आयेगी बहार
शर्त इतनी थी के पहले तुझे आना होगा

9. नशा

अजनबी

ऐ हमः रंग[1], हमः नूर[2], हमः सोज़[3]-ओ-गुदाज़
बज़्म-ए-महताब[4] से आने की ज़रूरत क्या थी
तू जहाँ थी उसी जन्नत[5] में निखरता तिरा रूप
उस जहन्नुम[6] को बसाने की ज़रूरत[7] क्या थी

1. सहरंग 2. सहरूप 3. सह कोमलता एवं जलन 4. चांद की सभा अर्थात् चांदनी 5. स्वर्ग 6. नरक 7. आवश्यकता

येह ख़दोख़ाल,[8] यह ख़्वाबों[9] से तराशा[10] हुआ जिस्म[11]
और दिल जिस पे ख़दोख़ाल की नर्मी[12] भी निसार[13]
ख़ार[14] ही ख़ार शरारे[15] ही शरारे हैं यहाँ
और थम थम के उठा पाँव बहारों की बहार

8. मुख मुद्रा 9. सपनों 10. बनाया हुआ 11. शरीर 12. कोमलता, मृदुलता 13. न्योछावर 14. काटे 15. चिंगारियां 16. प्यास

तश्नगी[16] ज़हर भी पी जाती है अमृत की तरह
जाने किस जाम पे रूक जाये निगह-ए-मासूम[17]
डूबते देखा है जिन आँखों में मैख़ानः[18] भी
प्यास उन आँखों की बुझे या न बुझे क्या मालूम

17. मासूम दृष्टि
18. शराबघर

हैं सभी हुस्नपरस्त,[19] अहले नज़र[20], साहिबे दिल[21]
कोई घर में कोई महफ़िल में सजायेगा तुझे
तू फ़क़त[22] जिस्म नहीं शे'र भी है गीत भी
कौन अश्कों[23] की घनी छाँव में गायेगा तुझे

19. सुन्दरता के उपासक
20. दृष्टिवाले 21. दिल वाले
22. केवल
23. आँसू

तुझ से इक दर्द का रिश्ता भी है बस प्यार नहीं
अपने आँचल पे मुझे अपने अश्क बहा लेने दे
तू जहाँ जाती है जा रोकने वाला मैं कौन
रस्ते रस्ते में मगर शम्अ जला लेने दे

ताशक़न्द

भटकता हुआ शौक़ का कारवाँ[1]
हुआ ख़ेमाज़न[2] आके देखो कहाँ
यह आशिक़[3] के सीने से चौड़ी ज़मीं
समा जायें जिस में कई आसमाँ[4]

1. यात्री दल
2. शिविर लगे हुए
3. प्रेम करने वाला
4. आकाश

कहाँ बाग़-ए-जन्नत[5] कहाँ ताशक़न्द
यह ज़िन्दा हक़ीक़त[6] वोह मुर्दा गुमाँ[7]
यह नशा ही नशा है और वोह ख़ुमार[8]
यह शो'ला ही शो'ला है और वोह धुआँ

5. स्वर्ग का उद्यान
6. वास्तविकता 7. सम्भावना
8. नशा

दरख़्त[9] उस के सारे मुसाफ़िर नवाज़[10]
पहाड़ उस के सब मुश्फ़िक़-ओ-मेहबाँ[11]
अज़ीज़ों[11] की महफ़िल महकते चमन
रफ़ीक़ों[12] की मज्लिस[13] हसीं वादियाँ

9. पड़े, वृक्ष 10. यात्री पर कृपा करने वाले
11. दयालु और करुणा करनेवाला
12. मित्रों 13. सभा

हर एक बाब[14] उस का नवाई[15] का शेर
कहीं से बयाँ कीजिये दास्ताँ
यहीं हुस्न उतरा था पहले पहल
यहीं इश्क़ इक दिन हुआ था जवाँ

14. द्वार 15. स्वर

उसी से बहारें निचोड़ी गयीं
कभी आ गई थी इधर जब ख़िज़ाँ[16]
वहाँ तक लहकते हें शादाब[17] खेत
जहाँ भूख का कल मिला था निशाँ

16. पतझड़
17. हरा भरा

ख़िरामाँ[17] हुआ इस तरह इन्क़िलाब
हर इक रास्ता बन गया कहकशाँ[18]
जबीनों[19] पे सूरज गिरेबाँ[20] में चाँद
सितारों की गिनती नहीं है यहाँ

18. आकाश गंगा झुरमुट
19. माथों 20. गला

पशेमाँ[21] पशेमाँ से हैं जलज़ले[22]
ज़हे[23] दस्त-ए-ता'मीर[24] की मस्तियाँ
जुलैख़ा[25] पे आया दोबारा शबाब[26]
दोबारा जवाँ हो गयीं बस्तियाँ

21. लज्जित 22. भूकम्प
23. अहो, भाग्य 24. निर्माण का हाथ
25. मिस्र के नरेश "अज़ीज़" की स्त्री, जो हज़रत यूसुफ़ पर मुग्ध हो गयी थी 26. जवानी

जो कल मेहमाँ[27] थे जो कल मेज़बाँ[28]
गले मिलते ही हो गये जिस्म-ओ-जाँ[29]
ग़ज़ल छेड़ घुंघरू पहन ताशक़न्द
तिरे साथ रक़्साँ[30] है हिन्दोस्ताँ

27. अतिथि 28. सत्कार करने वाला
29. शरीर व आत्मा
30. नृत्य करता हुआ

फ़रग़ाना[1]

1. उज़्वेकिस्तान का नगर जहां बाबर ने जन्म लिया था

यही तोहफ़ा है यही नज़राना
मैं जो आवारा नज़र लाया हूँ
रंग में तेरे मिलाने के लिये
क़त्रः-ए-ख़ून-ए-जिगरे[1] लाया हूँ
ऐ गुलाबों के वतन
पहले कब आया हूँ कुछ याद नहीं
लेकिन आया था क़सम खाता हूँ
फूल तो फूल हैं काँटों पे तिरे
अपने होठों के निशाँ पाता हूँ
मेरे ख्वाबों के वतन
चूम लेने दे मुझे हाथ अपने
जिन से तोड़ी हैं कई ज़जीरें
तूने बदला है मशिय्यत[2] का मिज़ाज[3]
तूने लिखी हैं नई तक़्दीरें[4]
इन्क़िलाबों के वतन
फूल के बाद नये फूल खिलें
कभी ख़ाली न हो दामन[5] तेरा
रौशनी रौशनी तेरी राहें[6]
चाँदनी चाँदनी आँगन तेरा
माहताबों[7] के वतन

1. ख़ून व जिगर की बूँद

2. इच्छा 3. स्वभाव

4. भाग्य

5. गोद, अंक

6. पथ

7. चन्द्रमाओं

मास्को

साथियो क़ाफ़िला-ए-शौक़[1] को रोको तो ज़रा
ज़िन्दगी चार तरफ ज़मज़मा ख़्वाँ[2] हैं देखो
अपने ख्वाबों में जिसे हमने बसा रखा था
यह वही शहर-ए-हसीं, शहर-ए-जवाँ है देखो
 पर्चम-ए-अमन[3] बुलन्द[4] और बुलन्द और बुलन्द
 तेरे साये से निकल के मैं कहाँ जाऊँगा
 मास्को साज़[5] उठा साज़ उठा साज़ उठा
 आज हर गीत उसी साज़ पे मैं गाऊँगा
कैसे ख़ामोश रहूँगा के अभी तक दिल में
पिछले ही शोरे-ए-क़यामत[6] की धमक बाक़ी है
मेरी झुलसी हुई यादों में घुटी सांसो में
अब भी बारूद की थोड़ी सी महक[7] बाक़ी है
 अब भी एहसास में काँटे की तरह चुभते हैं
 वोह हसीं होंठे जो हँसने को कभी तरसे थे
 आज भी ख़ून सा रिस्ता है मेरे गीतों से
 जिस पे ख़ूँ ख्वार फ़िज़ा[8] से कभी बम बरसे थे
कितने पागत थे वोह अय्याम के जिन में ख़ालिक़[9]
अपनी मख़्लूक़[10] के आमाल पे शर्माया था
हीरोशिमा ने वोह जोड़ा अभी बांधा भी नहीं
अपनी ही लाश पर इक रोज जो बिखराया था
 जंग टल सकती, रूक सकती है, मिट सकती है
 जंग क़िस्मत[11] ही सही दिल वा तक़ाज़ः[12] तो नहीं
 सब तेरे साथ हैं मैं मेरा वतन मेरे रफ़ीक़[13]
 आज तो जहद[14] के मैदान में तन्हा[15] तो नहीं
इक क़दम भी तो बढ़ाना है जो मन्ज़िल की तरफ़
इक दिया और सरे राहे अमल जलता है
तू जो मुड़ जाता है तो मुड़ जाती है दुनिया सारी
तू जो चलता है तेरे साथ जहाँ चलता है
 कितनी मुश्किल से यह टूटे हुए दिल जोड़े हैं
 इन के टुकड़ों को दोबारा न बिखरने देंगे
 राहें जाती हैं जो मैख़ाने से मैख़ाने तक
 हम उधर से कभी फ़ौजें न गुज़रने देंगे

1. यात्री दल
2. राग अलापना
3. शान्ति का झण्डा या प्रतीक
4. ऊँचा
5. वाद्य, बाजा
6. प्रलय का शोर
7. सुगन्ध
8. वातावरण
9. निर्माता, ईश्वर
10. निर्मित, जनता
11. भाग्य 12. आवश्यकता
13. मित्र
14. प्रयास 15. एकान्त

गर्भवती

सुन रहा हूँ यही बेसौत[1] कराहें कब से
है मगर कर्ब[2] हमेशा से सिवा आज की रात
न तू सोया है न सोयेगा ख़ुदा आज की रात

1. मौन, बिना ध्वनि वाली
2. कष्ट

दाई ख़ामोश खड़ी घोल रही है अफ़्यून
घण्टियाँ बजती हैं, मस्जिद में दुआ होती है
नींद ही ऐसे मरीज़ों की दवा होती है

पहले बच्चे में हुआ करती है तक्लीफ़ अक्सर
आख़िरी हो के उठा रखा है तूफ़ान इस ने
कर दिया माँ को भी, दाई को भी हल्कान इसने

ऐसे मौलूद[3] से दुनिया का भला क्या होगा
कुलबुलाने से हुमकने का हे अंदाज़ जुदा
माँ से अँजाम[4] जुदा, बाप से आग़ाज़[5] जुदा[6]

3. शिशु
4. परिणाम 5. प्रारम्भ 6. अलग

कोख से उस की बहरहाल पुर उम्मीद रहीं
कहते हैं गर्भवती इतनी भी मासूम नहीं
राक्षस होगा के अवतार, यह मालूम नहीं

इस तज़ब्जुब[7] से थके ज़ेह्न[8] को मिल जाये नजात[9]
बेअसर जो है दवा, काम दुआ तो कर जाये
माँ से कुछ ख़ौफ़[10] नहीं, कोख में बच्चा मर जाये

7. असमंजस 8. मस्तिष्क
9. छुटकारा, मुक्ति
10. भय

और जर्राह[11] यह कहते हैं के यह पाप का फल
आज अकेला नहीं मरता है तो माँ भी मर जाये
और यह कश-मकश[12]-ए-सूद-ओ-ज़ियाँ[13] भी मर जाये

11. अस्त्र चिकित्सक, शल्य चिकित्सक
12. असंमजस 13. लाभ हानि

यह भी मुम्किन[14] है के बच्चा जिसे हम समझे हैं
पेट खुलने पे वोह जलता हुआ फोड़ा निकले
ख़ून बहता है बहे, ज़हर तो थोड़ा निकले

14. सम्भव

कुछ दवा से न हुआ है, न दुआ से होगा
मेज़ तैयार करो, गर्भवती को ले आओ
पेट को चाक करो, कोख पे नश्तर[15] बरसाओ

15. काँटे

कौन सा वक़्त था, दिन कैसे थे हाँ याद आया
जंग उस वक़्त थी, अब जंग की तैयारी है
तब से अब तक वही मनूहूस अमल जारी है

शल[16] हुए जाते हैं जर्राहों के दस्त-ओ-बाज़ू[17]
पेट में लगती है आरी, न छुरी धँसती है
मेज़ पर लेटी हुइ गर्भवती हँसती है

16. शिथिल 17. हाथ व भुजा

लेनिन

आसमाँ और भी ऊपर को उठा जाता है
तुमने सौ साल में इंसाँ को किया कितना बुलन्द[1]
पुश्त[2] पर बाँध दिया था जिन्हें जल्लादों ने
फेंकते हैं वही हाथ आज सितारों पे कमन्द[3]
देखते हो के नहीं
जगमगा उठी है मेहनत के पसीने से जबीं[4]
अब कोई ख़त, ख़त,-ए-तक़्दीर[5] नहीं हो सकता
तुमको हर मुल्क[6] की सरहद[7] पे खड़े देखा है
अब कोई मुल्क हो, तस्ख़ीर[8] नहीं हो सकता

ख़ैर हो बाज़ू-ए-क़ातिल[9] की, मगर ख़ैर नहीं
आज मक़्तल में बहुत भीड़ नज़र आती है
कर दिया था कभी हल्का सा इशारा जिस सिम्त[10]
सारी दुनिया उसी जानिब[11] को मुड़ी जाती है

हादिसः[12] कितना कड़ा है के सर-ए-मंज़िल-ए-शौक़[13]
क़ाफ़िला चन्द गिरोहों में बटा जाता है
एक पत्थर से तराशी[14] थी जो तुमने दीवार
इक ख़तरनाक शिगाफ़[15] उसमें नज़र आता है
देखते हो के नहीं

देखते हो तो कोई सुल्ह[16] की तदबीर[17] करो
हो सकें ज़ख़्म रफ़ू जिस से वोह तक़रीर करो
अहद पेचीदा, मसाइल[18] हैं सवा पेचीदा
उन को सुलझाओ, सहीफ़ः[19] कोई तहरीर[20] करो

रूहें आवारा हैं दे दो उन्हें पैकर[21] अपना
भर दो हर पारा-ए-फ़ौलाद[22] में जौहर अपना
रहनुमा फिरते हैं या फिरती हैं बे सर लाशें
रख दो हर अकड़ी हुई लाश पर तुम सर अपना

1. उच्च
2. पीछे, कमर में
3. फन्दा
4. माथा
5. भाग्य का पत्र
6. देश 7. सीमा
8. वशीकरण, विजय प्राप्ति
9. हत्यारे की भुजा
10. दिशा
11. ओर
12. दुर्घटना 13. लक्ष्य प्राप्ति हेतु
14. बनाई, निर्मित की 15. दरार
16. सन्धि 17. उपाय, कोशिश
18. समस्याएं
19. दैव्य पुस्तक 20. लिखो
21. शरीर, आकृति
22. लोहे का पारा

पीर[1]-ए-तस्मः[2] पा[3]

वा[4] हस रता[5] के कितने सुख़ुन[6] हॉय गुफ़्तुनी[7]
ख़ौफ़[8]-ए-फ़साद[9] ख़लक़[10] से ना गुफ़ता[11] रह गये

1. वयोवृद्ध 2. चमड़े का फ़ीता 3. पैर 4. आह 5. पश्चाताप, लालसा 6. कथन 7. बोलने वाले 8. भय 9. झगड़ा 10. जनता 11. बिना बोले

'ग़ज़ल'

ख़ारो ख़स[1] तो उठें रास्ता तो चले
मैं अगर थक गया क़ाफ़िल[2] तो चले
चांद सूरज बुज़ुर्गों[3] के नक़्श-ए-क़दम[4]
ख़ैर बुझने दो उन को, हवा तो चले।
हाकिम-ए-शहर,[5] यह भी कोई शहर है
मस्जिदें बन्द हैं, मैकदा[6] तो चले
इस को मज़हब[7] कहो या सियासत[8] कहो
खुदकुशी[9] का हुनर[10] तुम सिखा तो चलो।
इतनी लाशें मैं कैसे उठा पाऊँगा
आप ईंटों की हुर्मत[11] बचा तो चले
बेल्चे लाओ खोलो ज़मीं की तहें[12]
मैं कहाँ दफ़्न[13] हूँ कुछ पता तो चले

1. कूड़ा करकट घास
2. यात्री दल
3. वृद्धों, बूढ़ों 4. बताया हुआ मार्ग
5. नगर का शासक
6. शराबख़ानः, मदिरालय
7. धर्म
8. राजनीति
9. आत्महत्या 10. कौशल
11. मर्यादा
12. परत
13. दबा हुआ

खिलौने

रेत की नाव, झाग के माँझी
काठ की रेल, सीप के हाथी
हल्की भारी प्लास्टिक की किलें
मोम के चाक जो रूकें न चलें

राख के खेत, धूल के खलियान
भाप के पैरहन[1] धुएँ के मकान
नहर जादू की, पुल दुआओं के
झुनझुने चन्द योजनाओं के

सूत के चेले, मूँज के उस्ताद
तेशे दफ़्ती[2] के काँच के फ़र्हाद
आलिम[3] आटे के और रूए[4] के इमाम
और पन्नी के शाइरान-ए-कराम[5]

ऊन के तीर, रूई की शम्शीर[6]
सदर[7] मिट्टी का आर रबर के वज़ीर[8]

अपने सारे खिलौने साथ लिये
दस्त-ए-ख़ाली[9] में काइनात[10] लिये
दो सुतूनों[11] में तान कर रस्सी
हम ख़ुदा जाने कब से चलते हैं
न तो गिरते हैं न संभलते हैं

1. वस्त्र
2. जिल्द के पठ्ठे के कुदृदाल
3. विद्वान 4. रूई
5. कविगण
6. तलवार
7. राष्ट्रपति 8. मन्त्री
9. खाली हाथ 10. संसार
11. स्तंभ, खंभा

बंगला देश

मैं कोई मुल्क[1] नहीं हूँ के जला दोगे मुझे
कोई दीवार नहीं हूँ के गिरा दोगे मुझे
कोई सरहद[2] भी नहीं हूँ के मिटा दोगे मुझे

यह जो दुनिया का पुराना नक़्शः[3]
मेज़ पर तुमने बिछा रखा है

उसमें का वाक[4] लकीरों के सिवा कुछ भी नहीं
तुम मुझे उस में कहां ढूँढते हो
मैं इक अर्मान[5] हूँ दीवानों का
सख़्त जाँ[6] ख़्वाब हूँ कुचले हुए इंसानों का
लूट जब हद से सिवा होती है
ज़ुल्म जब हद से गुज़र जाता है
मैं अचानक किसी कोने में नज़र आता हूँ
किसी सीने से उभर आता हूँ
आज से पहले भी तुमने मुझे देखा होगा
कभी मश्रिक़[7] में कभी मग़्रिब[8] में
कभी शहरों में कभी गाँव में
कभी बस्ती[9] में कभी जंगल में
मेरी तारीख़[10] ही तारीख़ है जुग़राफ़ियः[11] कोई भी नहीं
और तारीख़ भी ऐसी जो पढ़ाई तो नहीं जा सकती
लोग छुप छुप के पढ़ा करते हैं
के मैं ग़ालिब[12] कभी मग़्लूब[13] हुआ
क़ातिलों[14] को कभी सूली पे चढ़ाया मैंने
और कभी आप ही मस्लूब[15] हुआ
फ़र्क़[16] इतना है के क़ातिल मिरे मर जाते हैं
मैं न मरता हूँ न मर सकता हूँ
कितने नादान[17] हो तुम
तुमने ख़ैरात[18] में पाये हैं जो टैंक

1. देश
2. सीमा
3. मानचित्र
4. टेढ़ी, बैडोल
5. अभिलाषा
6. कठिन
7. पूर्व 8. पश्चिम
9. आबादी
10. इतिहास 11. भूगोल
12. हावी 13. पराधीन
14. हत्यारों 15. सलीब पर चढ़ाया गया
16. अन्तर
17. मूर्ख
18. भीख

उन को लेकर मिरे सीने पे चढ़े आते हो
रात दिन करते हो नापाम[19] बमों की बारिश
देखो थक जाओगे
कौन से हाथ में पहनाओगे ज़ंजीर[20] बताओ
के मिरे हाथ तो सात करोड़
कौन सा सर मिरी गर्दन से जुदा[21] कर दोगे
मेरी गर्दन पे हैं सर सात करोड़

19. शक्तिशाली

20. ज़जीर, हथकड़ी

21. पृथक, अलग

इंतिशार

कभी जमूद[1] कभी सिर्फ़ इंतिशार[2] सा है
जहाँ[3] को अपनी तबाही[4] का इंतिज़ार[5] सा है
मनु की मछली, न कश्ती[6] -ए-नूह और यह फ़िज़ा[7]
के क़त्रे क़त्रे[8] में तूफ़ान बेक़रार[9] सा है
मैं किस को अपने गिरेबाँ[10] का चाक दिखलाऊँ
के आज दामन-ए-यज़्दाँ[11] भी तार[12] तार सा है
सजा संवार के जिस को हज़ार नाज़[13] किये
उसी पे ख़ालिक-ए-कौनैन[14] शर्मसार[15] सा है
तमाम जिस्म[16] है बेदार[17] फ़िक्र-ए-ख़्वाबीदा[18]
दिमाग़ पिछले ज़माने की यादगार[19] सा है
सब अपने पाँव पे रख रख के पाँव चलते हैं
ख़ुद अपने दोश[20] ये हर आदमी सवार सा है
जिसे पुकारिये मिलता है इक खण्डर से जवाब
जिसे भी देखिये माज़ी[21] का इश्तिहार[22] सा है
हुई तो कैसे बयाबाँ[23] में आके शाम हुई
के जो मज़ार[24] यहाँ हैं मेरा मज़ार सा है
कोई तो सूद चुकाये, कोई तो ज़िम्मा[25] ले
उस इन्क़िलाब का जो आज तक उधार सा है

1. जमा हुआ 2. बिखरा हुआ
3. संसार 4. नष्ट होना, बर्बाद होना बर्बादी 5. प्रतीक्षा 6. नूह की नौका
7. वातावरण 8. बूँद-बूँद
9. बेचैन, विचलित
10. गला
11. ईश्वर का दामन 12. छिन्न-भिन्न
13. गर्व
14. ईश्वर 15. लज्जित
16. शरीर 17. जागृत 18. चिन्ता युक्त निद्रा
19. स्मृति
20. कन्धा
21. भूतकाल 22. विज्ञापन
23. जंगल, वन
24. समाधि
25. दायित्व

ग़ज़ल

लाई फिर एक लग्ज़िश-ए-मस्ताना[1] तेरे शहर में
फिर बनेंगी मस्जिदें मैख़ानः[2] तेरे शहर में
आज फिर टूटेंगी तेरे घर की नाज़ुक[3] खिड़कियाँ
आज फिर देखा गया दीवाना तेरे शहर में
जुर्म[4] हैं तेरी गली से सर झुका कर लौटना
कुफ़्र[5] है पथराव से घबराना तेरे शहर में
शाहनामे लिखे हैं खण्डरात की हर ईंट पर
हर जगह है दफ़्न इक अफ़साना[6] तेरे शहर में
कुछ कनीज़े[7] हरीम-ए-नाज़[8] में हैं बारयाब[9]
माँगती हैं जान-ओ दिल[10] नज़राना[11] तेरे शहर में
नंगी सड़कों पर भटक कर देख, जब मरती है रात
रींगता है हर तरफ़ वीराना तेरे शहर में

1. मदमस्ती का कम्पन
2. शराब ख़ाना
3. कोमल
4. दोष
5. पाप
6. कहानी
7. दासियां
8. प्रेमिका का घर 9. सफल
10. दिल व जान से 11. भेंट

धमाका

(चारू मजूमदार की याद में)

कोई चौराहा हो चाहे कोई न के दोस्तों
हर घड़ी पर दम कोई ताज़ा धमाका दोस्तों
यह धमाका बस धमाका है
धमाके के सिवा कुछ भी नहीं
रोटी दे सकता नहीं
यह रोज़ी[1] दे सकता नहीं
उस की जेबों में न दुनिया हैं न दीन[2]
उस की मुट्ठी में न ज़र[3] है न ज़मीन
रूस है उस की निगाहों[4] में न चीन
यह धमाका बस धमाका है, धमाके के सिवा कुछ भी नहीं
मैं खड़ा था कब से इस ख़ामोश क़ब्रिस्तान[5] में
क़ब्रें सब ख़ामोश थीं
क़ब्रों में रहने वाले सब ख़ामोश थे
खा रहे थे कीड़े चुपके चुपके बोसीदा[6] कफ़न
सब्ज़[7], नीले, पीले, सह रंगे[8] कफ़न
लाशें सब नंगी थीं लाशों से सिवा टंगे कफ़न
मैंने हाथों को हिलाया इस तरह
कोने कोने में धमाका हो गया
यह धमाका बस धमाका है, धमाके के सिवा कुछ भी नहीं
वोह भी तो बस एक धमाका था, धमाके के सिवा कुछ भी न था
जिस से उछलीं कहकशाँएं[9]
जिस से उभरी काइनात[10]
घर से जब भी निकलो बाहर दोस्तो
कुछ धमाके भर लो अपनी जेब में
हर घड़ी हर दम कोई ताज़ा धमाका दोस्तो
कौन जाने कोई ज़र्रा[11] टूट जाये।

1. मज़्दूरी , पारिश्रमिक
2. धर्म
3. धन
4. दृष्टि में
5. मौन शमशान
6. फटा पुराना
7. हरा 8. तीन रंग का
9. आकाश-गंगाएं
10. संसार
11. कण

एक लम्हा!

ज़िन्दगी[1] नाम है कुछ लम्हों[2] का
और उन में भी वही एक लम्हा
जिसमें दो बोलती आँखें
चॉय की प्याली से जब उठीं
तो दिल मे डूबीं
डूब के दिल में कहीं
आज तुम कुछ न कहो
आज मैं कुछ न कहूँ
बस यूँही बैठे रहो
हाथ में हाथ लिये
ग़म[3] की सौग़ात[4] लिये
गर्मी-ए-जज़्बात[5] लिये
कौन जाने के उसी लम्हे में
दूर पर्वत पे कहीं
बर्फ़ पिघलने ही लगे

1. जीवन 2. क्षण, पल

3. दुख 4. भेंट, उपहार
5. भावों की गर्मी

ज़िन्दगी

आज अंधेरा मेरी नस नस में उतर जायेगा
आँखे बुझ जायेंगी, बुझ जायेंगे एहसास-ओ-शऊर[1]
और यह सदियों[2] से जलता सा, सुलगता सा वुजूद[3]
इस से पहले के सहर[4] माथे पे शबनम[5] छिड़के
इस से पहले के मिरी बेटी के वोह फूल से हाथ
गर्म रूख़्सार[6] को ठण्डक बख़्शें
इससे पहले के मिरे बेटे का मज़्बूत बदन
तन-ए-मफ़्लूज[7] में शक्ति भर दे
इस से पहले के मेरी बीवी के होंठ
मेरे होंठ की तपिश[8] पी जायें
राख हो जायेगा जलते जलते
और फिर राख बिखर जायेगी
ज़िन्दगी कहने को बेमाया[9] सही
ग़म का सरमाया[10] सही
मैंने उस के लिए क्या क्या न किया
कभी आसानी से इक सांस भी यमराज को अपना न दिया

आज से पहले बहुत पहले
इसी आँगन में
धूप भरे दामन[11] में
मैं खड़ा था, मिरे तलुओं से धुआँ उठता था
एक बेनाम सा, बे रंग सा ख़ौफ़[12]
कच्चे एहसास[13] पे छाया था के जल जाऊँगा
मैं पिघल जाऊँगा
और पिघल कर तेरा कमज़ोर सा ''मैं''
क़तरा क़तरा मेरे माथे से टपक जायेगा
रो रहा था मगर अश्कों[14] के बग़ैर
चीख़ता था मगर आवाज़ न थी
मौत लहराती थी सौ शक्लों[15] में
मैंने हर शक्ल को घबरा के ख़ुदा मान लिया

1. अनुभूति एवं चेतना
2. शताब्दियों 3. अस्तित्व
4. प्रातः 5. ओस
6. गाल 7. बेकार शरीर, शिथिल शरीर
8. आग
9. बेकार
10. पूँजी
11. गोद
12. भय
13. अनुभूति
14. आँसू
15. रूप में

काट के रख दिये सन्दल के पुर अस्रार[16] दरख़्त[17] — 16. रहस्यमयी 17. वृक्ष
और पत्थर से निकाला शो'ला[18] — 18. आग
और रौशन किया अपने से बड़ा एक अलाओ
जानवर ज़िब्ह[19] किये इतने के ख़ूँ की लहरें — 19. काटे, त्याग किये
पाँव से उठ के कमर तक आयीं
और कमर से मिरे सर तक आयीं

सोमरस मैंने पिया
रात दिन रक़्स[20] किया — 20. नृत्य
नाचते नाचते तलवे मेरे ख़ूँ देने लगे
हड्डियाँ मेरी चटख़ने लगीं ईंधन की तरह
मन्तर होंठों से टपकने लगे रौग़न[21] की तरह — 21. धुला हुआ जल
मेरे आ'ज़ा[22] की थकन — 22. शरीर के अंग
बन गई काँपते होंठो पे भजन
अग्नि माता मिरी अग्नि माता
सूखी लकड़ी के यह भारी कुन्दे[23] — 23. लक्कड़
जो तेरी भेंट को ले आया हूँ
इन को स्वीकार कर और ऐसे धधक
के मचलते शो'ले[24] खींच लें जोश में — 24. आग के गोले
सूरज की सुनहरी ज़ुल्फ़ें[25] — 25. लटें
आग में आग मिले
जो अमर कर दे मुझे
ऐसा कोई राग मिले

अग्नि माँ से भी न जीने की सनद जब पाई
ज़िन्दगी के नये इम्कान[26] ने ली अंगड़ाई — 26. नई सम्भावनाएं
और कानों में कहीं दूर से आवाज़ आई
बुद्धम् शरनम् गच्छामि
बुद्धम् शरनम् गच्छामि
संघम् शरनम् गच्छामि
चार अब्रू[27] का सफ़ाया करके — 27. चार भौहे
वे सिले वस्त्र से ढाँपा यह बदन

पूँछ के पत्नी के माथे से दमकती बिन्दिया
सोते बच्चों को बिना प्यार किये
चल पड़ा हाथ में कश्कोल[28] लिये
चाहता था के कहीं भिक्षा में जीवन मिल जाये
जो कभी बन्द हो दिल को वोह धड़कन मिल जाये
मुझ को भिक्षा में मगर ज़हर[29] मिला
होंठ थर्राने लगे जैसे करे कोई गिला
झुक के सूली[30] से उसी वक़्त किसी ने यह कहा
तेरे इक गाल पे जिस पल कोई थप्पड़ मारे
दूसरा गाल भी आगे कर दे
यही जीने का तरीक़ा भी है, अन्दाज[31] भी है
तेरी आवाज़ भी है, यह मेरी आवाज़ भी है
मैं उठा जिस को अहिंसा का सबक सिखलाने
मुझ को लटका दिया सूली[32] पे इसी दुनिया ने
आ रहा था मैं कई कूचों से ठोकर खाकर
एक आवाज़ ने रोका मुझ को
किसी मीनार से नीचे आकर
अल्लाह हू अक्बर[33], अल्लाह हू अक्बर
हुआ दिल को यह गुमाँ[34]
के यह पुरजोश[35] अज़ाँ
मौत से देगी अमाँ[36]
फिर तो पहुँचा मैं जहाँ
मैंने दोहराई कुछ ऐसे यह अज़ाँ
गूँज उठा सारा जहाँ[37]
अल्लाह हू अक्बर, अल्लाह हू अक्बर
उसी आवाज़ में इक और भी गूँजा ए'लान
कुल्लो मन अलैहा फ़ान[38]
इक तरफ़ ढल गया खुर्शीद[39] जहाँ ताब[40] का सर
हुआ फ़ॉलिज का असर
फट गई नस कोई, शिर्यानों में ख़ूँ जम सा गया
हुआ मजरूह[41] दिमाग़

28. भीख का प्याला
29. विष
30 फन्दा
31. तरीका, रूप
32. फाँसी का फन्दा
33. अल्लाह बहुत बड़ा है
34. भ्रम
35. उमंग भरा
36. सहारा, शरण
37. संसार
38. सब को एक दिन समाप्त होना है
39. सूर्य 40. शक्ति
41. घायल, ज़ख़्मी

ऐसा लगता था के बुझ जायेगा जलता है जो सदियों[42] से चराग़
आज अंधेरा मिरी नस नस में उतर जायेगा

पर समुद्र जो बड़ी देर से तूफ़ानी था
ऐसे तड़पा के मेरे कमरे के अन्दर आया
आते आते वोह मेरे वास्ते अमृत लाया
और कहा
शिव ने यह भिजवाया है
आज शिव इल्म[43] है, अमृत है अमल
अब वोह आसाँ हैं जो दुश्वार[44] था कल
रात जो मौत का पैंग़ाम[45] लिये आई थी
बीवी बच्चों ने मिरे
उस को खिड़की से परे फेंक दिया
और जो वोह ज़हर[46] का इक जाम[47] लिये आई थी
उसने वोह ख़ुद ही पिया
सुबह उतरी जो समन्दर में नहाने के लिए
रात की लाश मिली पानी में

42. शताब्दियों
43. ज्ञान
44. कठिन
45. सन्देश
46. विष 47. ग्लास, प्याला

चराग़ाँ

एक दो भी नहीं छब्बीस दिये
एक इक करके जलाये मैंने
इक दिया नाम का आज़ादी[1] के
उसने जलते हुए होंठों से कहा
चाहे जिस मुल्क[2] से गेहूँ मांगो
हाथ फैलाने की आज़ादी है

इक दिया नाम का ख़ुशहाली[3] के
उस के जलते ही यह मालूम हुआ
कितनी बदहाली[4] है
पेट ख़ाली है मिरा, जेब मिरी ख़ाली है

इक दिया नाम का यकजिहती[5] के
रौशनी उस की जहाँ तक पहुँची
क़ौम को लड़ते झगड़ते देखा
माँ के आँचल में हैं जितने पैवंद[6]
सब को इक साथ उधड़ते देखा
दूर से बीवी ने झल्ला के कहा
तेल मंहगा भी है मिलता भी नहीं
क्यों दिये इतने जला रक्खे हैं
अपने घर में न झरोका न मुण्डेर
ताक़[7] सपनों के सजा रक्खे हैं
आया गुस्से का इक ऐसा झोंका
बुझ गये सारे दिये—
हाँ मगर एक दिया नाम है जिसका उम्मीद
झिलमिलाता ही चला जाता है

1. स्वतन्त्रता
2. देश
3. समृद्धि
4. दुर्दशा
5. एकता
6. जोड़
7. ख़ाने

ग़ज़ल

मैं ढूँढता हूँ जिसे वोह जहाँ[1] नहीं मिलता
नई ज़मीं नया आसमाँ[2] नहीं मिलता
नई ज़मीं नया आसमाँ भी मिल जाये
नये बशर[3] का कहीं कुछ निशाँ[4] नहीं मिलता
वोह तेग़[5] मिल गई जिस से हुआ है क़त्ल[6] मिरा
किसी के हाथ का उस पर निशाँ नहीं मिलता
वोह मेरा गाँव है, वोह मेरे गाँव के चूल्हे
के जिनमें शो'ले तो शो'ले धुआँ नहीं मिलता
जो इक ख़ुदा नहीं मिलता तो इतना मातम[7] क्यों
मुझे ख़ुद अपने क़दम का निशाँ नहीं मिलता
खड़ा हूँ कब से मैं चेहरों के एक जंगल में
तुम्हारे चेहरे का कुछ भी यहाँ नहीं मिलता

1. संसार
2. आकाश
3. व्यक्ति 4. चिह्न
5. तलवार 6. हत्या
7. दुख

नज़्र-ए-कराची

अजब क्या दामन-ए-यूसुफ़[1] की अज़्मत[2] उन को मिल जाये
कराची में जो कुछ तार-ए-गिरीबाँ[3] छोड़ आया हूँ

1. यूसुफ़ के दामन जैसी
2. बड़ाई, महत्व, सम्मान
3. गले पे टूटे हुए तार, क्षत विक्षत गला

कोई दस्त-ए-हिनाई[4] यूँ ही लहराया था चिलमन[5] में
मैं टुकड़े करके अपने जेब-ओ-दामाँ[6] छोड़ आया हूँ

4. मेंहदी लगा हाथ 5. पर्दे में
6. दामन की जेब में
7. सपने

परेशाँ ख़्वाब[7] जितने सिंध की जुल्फ़ों ने बख़्शे थे
उन्हीं के नाम वोह ख़्वाब-ए-परेशाँ[8] छोड़ आया हूँ

8. डरावना सपना

रज्ज़ख़्वानों[9] को भी इक दिन ग़ज़लख़्वानी[10] सिखा देंगे
वोह मेरे हम नवा[11] जिनको ग़ज़लख़्वाँ छोड़ आया हूँ

9. योद्धा कवि 10. ग़ज़ल गायकी 11. साथी

जहाँ मिलती है बेमाँगे भी सब को दीन[12] की दौलत[13]
मैं उस बस्ती में अपना दीन-ओ-ईमाँ[14] छोड़ आया हूँ

12. धर्म 13. धन
14. ईमान धर्म

किसान

चीर के साल में दो बार ज़मीं का सीना
दफ़्न[1] हो जाता हूँ — 1. दबा देना
गुद गुदाते हैं जो सूरज के सुनहरे नाखुन
फिर निकल आता हूँ
अब निकलता हूँ तो इतना के बटोरे जो कोई दामन[2] में — 2. गोद
दामन फट जाये
घर के जिस कोने में ले जाके कोई रख दे मुझे
भूख वहाँ से हट जाये
फिर मुझे पीसते हैं, गूँधते हैं, सेंकते हैं
गूँधने सेंकने में शक्ल[3] बदल जाती है — 3. रूप
और हो जाती है मुश्किल[4] पहचान — 4. कठिन
फिर भी रहता हूँ किसान
वहीं ख़स्ता[5], बदहाल[6] — 5. टूटी फूटी 6. दुर्दशा 7. ऋण
क़र्ज़[7] के पंजा-ए-ख़ूनी[8] में निढाल — 8. खूनी पंजे में
उस दराँती के तुफ़ैल[9] — 9. द्वारा
कुछ है माज़ी[10] से ग़नीमत[11] मिरा हाल — 10. भूल काल 11. बेहतर, अच्छा
हाल से हो हसीं इस्तिक़्बाल[12] — 12. स्वागत
उठते सूरज को ज़रा देखो तो
हो गया सारा उफ़ुक़[13] लालों लाल — 13. आकाश, लालिमा

सोमनाथ

बुतशिकन[1] कोई कहीं से भी ना आने पाये
हमने कुछ बुत अभी सीने में सजा रक्खे हैं
अपनी यादों में बसा रक्खे हैं

दिल पे यह सोच के पथराव करो दीवानों
के जहाँ हमने सनम[2] अपने छिपा रक्खे हैं
वहीं ग़ज़नीं के खुदा रक्खे हैं

बुत जो टूटे तो किसी तरह बना लेंगे उन्हें
टुकड़े टुकड़े सही दामन[3] में उठा लेंगे उन्हें
फिर से उजड़े हुए सीने में सजा लेंगे उन्हें

गर[4] खुदा टूटेगा हम तो न बना पायेंगे
उस के बिखरे हुए टुकड़े न उठा पायेंगे

तुम उठालो तो उठालो शायद
तुम बना लो तो बना लो शायद

तुम बनाओ तो खुदा जाने बनाओ क्या
अपने जैसा ही बनाया तो क़ियामत[5] होगी
प्यार होगा न ज़माने में मुहब्बत[6] होगी
दुश्मनी होगी अदावत[7] होगी
हम से उस की न इबादत[8] होगी

वह्शत[9]-ए-बुत शिकनी[10] देख के हैरान[11] हूँ मैं
बुत परस्ती[12] मिरा शेवा[13] है के इंसान हूँ मैं
इक न इक बुत तो हर इक दिल में छिपा होता है
उस के सौ नामों में इक नाम खुदा[14] होता है

1. बुत तोड़ने वाला
2. पत्थर
3. गोद
4. यद्यपि
5. प्रलय
6. प्रेम
7. लड़ाई
8. पूजा, उपासना
9. भय 10. बुत तोड़ना 11. आश्चर्य, चकित
12. मूर्ति पूजा 13. आदत
14. ईश्वर

'मक़तल-ए-बैरूत'

ऐ सबा[1] लौट के किस शहर से तू आती है
तेरी हर लहर से बारूद[2] की बू आती है
ख़ूँ कहाँ बहता है इन्सान का पानी की तरह
जिस से तू रोज़ यहाँ करके वज़ू आती है
धज्जियाँ तूने नक़ाबों[3] की गिनी तो होंगी
यूँ ही लौट आती है या करके रफ़ू आती है

अय्योहन्नास[4] फ़लिस्तीन सदा[5] देता है
वोह भी ऐसे के कलेजों को हिला देता है
उस की आवाज़ पे लब्बैक[6] कहा जो तुमने
हर लब-ए-ज़ख़्म[7] से वोह तुम को दुआ देता है
बेख़बर इतने नहीं तुम को यह मालूम न हो
तख़्त पर कौन यज़ीदों को बिठा देता है
शिम्र, मुजरिम भी है क़ातिल भी है मलऊन भी
वोह है क्या शिम्र को ख़ंजर[8] जो थमा देता है

मेरी क्यों मानोगे यह पूछ लो हथियारों से
कौन इक शहर को शमशान बना देता है
कब उठायेगा ख़ुदा हश्र[9] ख़ुदा ही जाने
आदमी रोज़ कोई हश्र उठा देता है

किसी हथियार से पूछो वोह बता देगा तुम्हें
कौन वोह लोग हैं दुश्मन हैं जो आज़ादी के
नाम बतलायेंगी बैरूत की ज़ख़्मी गलियाँ
कौन दरपै[10] हुआ लबनान की बर्बादी के
बन्द पानी हुआ बैरूत के जाँबाज़ों[11] पर
हर्बे राइज[12] हैं अभी तक वही जल्लादी के

एक इक बूँद को जिस वादी में तरसे थे हुसैन
तेल के चश्मे[13] हैं नासूर[14] उसी वादी[15] के

1. हवा, वायु
2. विनाशकारी पावडर
3. पर्दा
4. ऐ लोगो ! 5. आवाज़, ध्वनि
6. स्वीकार करना
7. घायल होंठों से
8. तलवार
9. अन्तिम रूप
10. घात में पीछे पड़ा हुआ
11. वीर, साहसी
12. युद्ध विद्यमान है
13. स्रोत 14. एक प्रकार का घाव जो सदैव रिस्ता रहता है और कभी अच्छा नहीं होता
15. घाटी

बेज़मीरी का है यह अहद, ख़बर है के नहीं
किस तवक़्क़ो'[16] पे खुलें लब किसी फ़रियादी[17] के

ऐ सबा अब हो जो बैरूत की गलियों में गुज़र[18]
और तेरे सामने आ जाये कोई ताज़ा खण्डर
उस से कह देना के भारत का भी सीना है फ़िगार[19]
हिल गया कोह-ए-हिमाला[20] जो सुनी तेरी पुकार

जितने काँटे भी बिछाना हो बिछा ले कोई
तेरी राहों से जुदा होंगी न राहें अपनी
ग़म न कर हाथ अगर तेरे क़लम[21] हो जायें
जोड़ देंगे तेरे बाज़ू[22] में यह बाँहें अपनी

16. आशा
17. दुहाई करनेवाला
18. प्रवेश
19. ज़ख़्मी, घायल
20. हिमालय पर्वत
21. कट जाना
22. भुजा

'ग़ज़ल'

क्या जाने किसी की प्यास बुझाने किधर गयीं
उस सर पे झूम के जो घटायें गुज़र गयीं

दीवाना पूछता है यह लहरों से बार बार
कुछ बस्तियाँ यहाँ थीं बताओ किधर गयीं

अब जिस तरफ़ से चाहे गुज़र जाये कार्वां[1] — 1. यात्री दल
वीरानियाँ तो सब मिरे दिल में उतर गयीं

पैमाना टूटंने का कोई ग़म नहीं मुझे
ग़म[2] है तो यह के चाँदनी रातें बिखर गयीं — 2. दुख

पाया भी उन को खो भी दिया चुप भी यह हो रहे
इक मुख़्तसर[3] सी रात में सदियाँ[4] गुज़र[5] गयीं — 3. संक्षिप्त 4. शताब्दियाँ 5. बीत गई

'ग़ज़ल'

कहीं से लौट के हम लड़खड़ाये हैं क्या क्या
सितारे ज़ेर-ए-क़दम[1] रात आये हैं क्या क्या

नशेब-ए-हस्ती[2] से अफ़सोस हम उभर न सके
फ़राज़-ए-दार[3] से पैग़ाम[4] आये हैं क्या क्या

जब उसने हार के ख़ंजर[5] ज़मीं पे फैंक दिया
तमाम ज़ख़्म-ए-जिगर[6] मुस्कराये हैं क्या क्या

छटा जहाँ से उस आवाज़ का घना बादल
वहीं से धूप ने तलवे जलाये हैं क्या क्या

उठा के सर मुझे इतना तो देख लेने दे
के क़त्लगाह[7] में दीवाने आये हैं क्या क्या

कहीं अंधेरे से मानूस[8] हो न जाये अदब
चराग़ तेज़ हवा ने बुझाये हैं क्या क्या

जोश, फ़िराक, फ़ैज़

1. क़दम के पीछे साथ
2. जीवन के गढ्डे से, खुद से
3. उच्च स्थान 4. सन्देश
5. तलवार 6. जिगर के घाव
7. हत्या स्थल
8. प्रिय, इष्ट, परिचित

ग़ज़ल

हाथ आकर लगा गया कोई
मेरा छप्पर उठा गया कोई

लग गया इक मशीन में मैं भी
शहर में ले के आ गया कोई

मैं खड़ा था के पीठ पर मेरी
इश्तिहार[1] इक लगा गया कोई

यह सदी[2] धूप को तरसती है
जैसे सूरज को खा गया कोई

ऐसी मंहगाई है के चेहरा भी
बेच के अपना खा गया कोई

अब वोह अर्मान[3] हैं न वोह सपने
सब कबूतर उड़ा गया कोई

वोह गये जब से ऐसा लगता है
छोटा मोटा ख़ुदा गया कोई

मेरा बचपन भी साथ ले आया
गाँव से जब भी आ गया कोई

1. विज्ञापन
2. शताब्दी
3. अभिलाषा

नज़्म

(मेरा माज़ी[1] मेरे काँधे पर)

अब तमद्दुन[2] की हो यह जीत के हार
मेरा माज़ी है अभी तक मिरे काँधे पे सवार
आज भी दौड़ के गल्ले[3] में जो मिल जाता हूँ
जाग उठता है मिरे सीने में जंगल कोई
सींग माथे पे उभर आते हैं
पड़ता रहता है मिरे माज़ी का साया मुझ पर
दौर-ए-ख़ूँख़्वारी[4] से गुज़रा हूँ छिपाऊँ क्यों पर
दाँत सब ख़ून में डूबे नज़र आते हैं
जिन से मेरा न कोई बैर[5] न प्यार
उन पे करता हूँ मैं वार
उन का करता हूँ शिकार
और भरता हूँ जहन्नुम[6] अपना
पेट ही पेट मेरा जिस्म है, दिल है न दिमाग़
कितने अवतार बढ़े ले के हथेली पे चराग़
देखते रह गये धो पाये न माज़ी[7] के यह दाग
मल लिया माथे पे तहज़ीब[8] का ग़ाज़ा[9] लेकिन
बरबरियत[10] का है जो दाग़ वोह छूटा ही नहीं
गाँव आबाद किये शहर बसाये हम ने
रिश्ता जंगल से जो अपना है वोह टूटा ही नहीं
जब किसी मोड़ पर पर खोल कर उड़ता हैं गुबार[11]
और नज़र आता है उसमें कोई मासूम[12] शिकार
जाने हो जाता है क्यों सर पे जुनूँ एक सवार
किसी झाड़ी से उलझ के जो कमी टूटी थी
वही दुम फिर से निकल आती हैं
वही लहराती है
अपनी टाँगों में दबा के जिसे भरता हूँ ज़क़न्द[13]
इतना गिर जाता हूँ सदियों[14] में हुआ जितना बुलन्द[15]

1. भूतकाल
2. संस्कृति
3. जानवरों का झुंड
4. निर्दयता के दौर से
5. दुश्मनी
6. नरक
7. भूतकाल
8. संस्कृति 9. पाउडर
10. बर्बरता
11. धूल
12. अबोध, निर्दोष
13. छलांग
14. शताब्दी 15. ऊँचा

साँप

यह साँप आज जो फन उठाये
मिरे रास्ते में खड़ा है
पड़ा था क़दम चांद पर मेरा जिस दिन
उसी दिन उसे मार डाला था मैंने
उखाड़े थे सब दाँत कुचला था सर भी
मरोड़ी थी दुम तोड़ दी थी कमर भी

मगर चाँद से झुक के देखा जो मैंने
तो दुम उस की हिलने लगी थी
यह कुछ रींगने भी लगा था

यह कुछ रींगता कुछ घिसटता हुआ
पुराने शिवालय की जानिब[1] चला
जहाँ दूध उस को पिलाया गया
पढ़े पण्डितों ने कई मन्तर ऐसे
यह कमबख़्त फिर से जलाया गया
शिवालय से निकला वोह फुंकारता
रग-ए-अर्ज़[2] पर डंक सा मारता

बढ़ा मैं के इक बार फिर सर कुचल दूँ
उसे भारी क़दमों से अपने मसल दूँ
क़रीब एक बीरान मस्जिद थी, मस्जिद में
यह जा छुपा
जहाँ उसको पेट्रोल से गुसुल[3] देकर
हसीन[4] एक ताअवीज़ गर्दन में डाला गया
हुआ जितना सदियों में इंसाँ बुलन्द[5]
यह कुछ उस से ऊँचा उछाला गया
उछल के यह गरजा कि देहलीज़[6] पे जा गिरा
जहाँ उस को सोने की केंचुल पहनाई गई
सलीब[7] एक चाँदी की सीने पे उस के सजाई गयी

1. और
2. पृथ्वी की रग पर
3. स्नान
4. सुन्दर
5. ऊँचा
6. प्रवेश स्थल
7. फांसी का फन्दा, सूली

दिया जिसने दुनिया को पैग़ाम-ए-अमन[8]
उसी के हयात-ए-आफ़रीं[9] नाम पर
उसे जंगबाज़ी[10] सिखाई गयी
बमों का गुलूबन्द[11] गर्दन में डाला
और इस धज से मैदाँ में उस को निकाला
पड़ा उस का धरती पे साया[12]
तो धरती की रफ़्तार[13] रूकने लगी
अँधेरा अँधेरा ज़मीं से
फ़लक[14] तक अँधेरा
जबीं[15] चाँद तारों की झलकने लगी

हुई जब से साईंस ज़र[16] की मुतीअ[17]
जो था इल्म का एतिबार उठा गया
और उस साँप को ज़िन्दगी मिल गयी
उसे हमने ज़ह्हाक[18] के भारी काँधे पर देखा था इक दिन
यह हिन्दू नहीं है मुसलमाँ नहीं
यह दौनों का मग़ज़[19] और ख़ूँ चाटता हैं
बने जब यह हिन्दु मुसलमान इन्साँ
उसी दिन यह कमबख़्त मर जायेगा

8. शान्ति का संदेश
9. धन्य जीवन
10. युद्ध करना
11. गले का बन्ध
12. परछाई
13. चाल
14. आकाश
15. माथा
16. धन 17. अधीन
18. ईरान का एक बहुत अत्याचारी बादशाह जिसे फ़िरीदूं ने गिरफ़्तार किया था
19. मस्तिष्क

'गुमशुदा शहर'

साथियों वक़्त को मेहमेज़[1] करो
कार-ए-पर्वेज़[2] करो
तेशः-ए-नौ[3] तेज़ करो
और ज़रा तेज़ करो
गुमशुदा[4] शहर के आसार[5] नज़र आने लगे
कुछ शिकस्ता[6] दर-ओ-दीवार[7] नज़र आने लगे
जिन के सन्नाटे में शाहों को गरज लरज़ाँ[8] हैं
गूँगे गूँगे से वोह दरबार नज़र आने लगे
वोह जो मेहराबों[9] में लिख रखे थे अशआर नज़र आने लगे
"हुज़ूर-ए-शाह में अहल-ए-सुख़न[10] की आज़्माइश[11] है"

1. ऐड़ लगाना, धक्का देना
2. प्रबन्ध
3. नया कुद्दाल
4. खोया हुआ 5. लक्षण
6. जीर्णक्षीण 7. द्वार व दीवार
8. कम्पित
9. दर, द्वार
10 शाइर, साहित्यकार
11. परीक्षा

टूटे फूटे हुए निकले हैं ज़मीं से जो ज़ुरूफ़[12]
कहते हैं क़ाफ़िला इक दिन कोई आया था यहाँ
अब जहाँ रेत के टीले से नज़र आते हैं
कुछ जिगरदारों[13] ने एक शहर बसाया था यहाँ

12. बर्तन
13. दिल वालों ने

इस में फ़िरऔन भी दो चार थे मूसा भी कई
मिल के कुछ रहते थे और रहते थे तन्हा[14] भी कई
हर्फ़-ए-हक़[15] कहते थे कुछ करते थे तौबा भी कई
और सूली पे चढ़ाये गये ईसा भी कई
जहाँ हक़[16] है वहाँ दार-ओ-रसन[17] की आज़्माइश है

14. एकान्त
15. सत्य बात
16. अधिकार 17. रस्सी का फन्दा

देवता हस्ब-ए-तलब[18] सबने बना रखे थे
सर अक़ीदत[19] से हुज़ूर उन के झुका रखे थे
ग़ार[20] के सीने में मंदिर भी बना रखे थे
अपने ताक़ों पे ख़ुदा अपने सजा रखे थे
ख़ुद खुले सर थे उन्हें ताज पिन्हा रखे थे

18. आवश्यकतानुसार
19. श्रद्धा
20 खड्ड, गढ्ढा

जो ख़ुदा उन के लिए ढूँढ के लाता था शिकार
गढ़ दिया करता था पत्थर के नौकीले हथियार

जो खुदा उन के लिए बर्फ़ को पिघलता था
मुंजमिद[21] ख़ून में चिंगारियाँ भड़काता था
जिहाद-ए-ज़िन्दगी[22] में बाँकपन[23] की आज़्माइश है

21. जमे हुए
22. जीवन का संघर्ष 23. नाज़ व अदा

बस गया शहर तो मे'मार[24] चले शहर से दूर
के किसी मुल्क[25] को दरकार[26] थे सस्ते मज़दूर
हाकिम-ए-शहर की यह बात है अब तक मशहूर
जो भले शहरी हें कर लेते हैं बिकना मंजूर[27]
तमद्दुन[28] इन गुलामों ही के फ़न[29] की आज़्माइश है

24. निर्माता
25. देश 26. आवश्यकता
27. स्वीकार
28. संस्कृति 29. कला

गाँव से झूम के जब ताज़ा हवा आती है
आके सीमेन्ट के जंगल में बिखर जाती है
भूखी मख़्लूक़[30] तो सौ तरह बहल जाती है
भूखी सो जाती है शुक्र उस का बजा लाती है
हो ज़मीं भूखी तो शहरों को निगल जाती है
अभी महरूमी[31]-ए-काम-ओ-दहन की आज़्माइश है

30. जनता
31. असफलता

'जागिए'

ढलते ढलते सियाह[1] रात यह कह गयी | 1. काली
जागिये आप के दोस्त ने बम बना भी लिया
और तहे आब उसे एक दिन आज़्मा भी लिया

नीले पानी की सब सीमतन[2] मछलियाँ जल गयीं | 2. चांदी जैसी सुन्दर
नन्ही परियाँ थिरकती हसीं तितलियाँ जल गयीं
जल गया नब्ज़ गीती में जोश-ए-नुमू[3] | 3. विकास की उमंग
जल गयी बाग़ की हसरत-ए-रंग-ओ-बू[4] | 4. ख्याति की उमंग
और बहारों ने ख़ेमा[5] चमन से उठा भी लिया
जागिये आप के दोस्त ने बम बना भी लिया | 5. शिविर

(2)

दफ़अतन[6] एक ऐसा भयानक धमाका हुआ | 6. सहसा
जो फ़रिश्ते ज़मीं पर उतर आये थे उड़ गये
यह सुलगती पिघलती ज़मीं छोड़ के
असामानों से इक बार फिर जुड़ गये
अस्र-ए-नौ के लिए जो सहीफ़ः[7] नया लाये थे | 7. आकाशीय पुस्तक
उसको अपने परों में छिपा भी लिया
अब सलामत[8] किसी की है दुनिया न दीं | 8. जीवित, सुरक्षित
रूई की तरह धुनकी पड़ी हैं खुदा की ज़मीं
जिस्म इन्साँ के टुकड़े दरख़्तों[9] में अटके हुए | 9. वृक्षों
चाँद अँधेरे की सूली पे लटके हुए
टूटे तारों को धरती ने खा भी लिया
जागिये आप के दोस्त ने बम बना भी लिया

शान्ति वन के क़रीब

वोह वतन की आबरू[1] कल शान्ति वन के क़रीब
यूँ ज़मीं पर सो रही थी जैसे मुफ़्लिस का नसीब[2]

1. इज़्ज़त, सम्मान
2. निर्धन का भाग्य

आँखें वा[3] थीं दीदे गर्दिश[4] में थे साकित[5] थी ज़बाँ
और नाज़ुक जिस्म में पैवस्त[6] लाखों सूईयाँ

3. खुली 4. दर्शन दुर्लभ 5. मौन
6. संलग्न

ग़ौर से देखा तो दिल को और हैरानी[7] हुई
सूईयाँ सारी थीं मेरी जानी पहचानी हुई

7. आश्चर्य

सूईयाँ हिन्दू भी थीं, मुस्लिम भी थीं और सिख भी थीं
और था उन के तसर्रुफ़[8] में वो जिस्म-ए-नाज़नीं[9]

8. प्रयोग में 9. कोमल शरीर

कुछ थीं ऊँची ज़ात[10] की जो इस लिए थीं सुर्ख़रू[11]
बे तकल्लुफ़[12] पीती थीं वोह नीची जाति का लहू[13]

10. उच्च जाति 11. प्रतिष्ठित, गर्व से 12. निःसंकोच 13. ख़ून

एक इक सूई के लब[14] पर उस के सूबे का था नाम
चाहती थीं सब अलग भारत से अपनी सुबह-ओ-शाम

14. ओंठ

डरते डरते मैंने आख़िर कर लिया उससे सवाल
क्या हुआ, कैसे हुआ किसने किया यह तेरा हाल

बोली वोह अपनों ही के हाथों हुई यह मेरी गत
मैंने पूछा नाम तो उसने कहा जुम्हूरियत[15]

15. लोकतन्त्र

सुनके उसका नाम इन आँखों में आँसू आ गये
बोली वोह तुम तो ज़रा सी बात से घबरा गये

उसका रोना क्या है पहले क्या थी और क्या हूँ अभी
सूईयाँ चुन लो तो देखोगे के जिन्दा हूँ अभी

ग़ज़ल

वोह भी सराहने[1] लगे अर्बाब'ए-फ़न[2] के बाद
दाद-ए-सुख़न[3] मिली मुझे तर्क-ए-सुख़न[4] के बाद

1. प्रशंसा करने 2. कला कोशल, कलाकार 3. शाइरी की प्रशंसा 4. शाइरी छोड़ने के पश्चात्

दीवाना वार चाँद से आगे निकल गये
ठहरा न दिल कहीं भी तिरी अँजुमन[5] के बाद

5. संगठन, महफ़िल

होंठों को सी के देखिये पछतायेगा आप
हंगामे जाग उठते हैं अक्सर घुटन के बाद

गुर्बत[6] की ठण्डी छाँव में याद आई उसकी धूप
क़द्र-ए-वतन[7] हुई हमें तर्क-ए-वतन[8] के बाद

6. दरिद्रता
7. देश का महत्व 8. देश छोड़ने के उपरान्त

इंसाँ की ख़्वाहिशों[9] की कोई इंतिहा[10] नहीं
दो गज़ ज़मीं भी चाहिए दो गज़ कफ़न के बाद

9. इच्छाओं 10. सीमा

ए'लान-ए-हक़ में ख़त्रः-ए-दार-ओ-रसन[11] तो है
लेकिन सवाल यह है के दार-ओ-रसन के बाद

11. रस्सी का फन्दा

ग़ज़ल

शोर यूँ ही न परिन्दों ने मचाया होगा
कोई जंगल की तरफ़ शहर से आया होगा

पेड़ के काटने वालों को यह मालूम तो था
जिस्म जल जायेंगे जब सर पे न साया[1] होगा

बानी-ए-जश्न-ए-बहारा[2] ने यह सोचा भी नहीं
किसने काँटो को लहू[3] अपना पिलाया होगा

बिजली के तार पे बैठा हुआ हँसता पंछी
सोचता है के वोह जंगल तो पराया होगा

अपने जंगल से जो घबरा के उड़े थे प्यासे प्यासे
हर सराब[4] उन को समुद्र नज़र आया होगा

1. छाया, परछाई
2. बसन्त उत्सव के संस्थापक
3. ख़ून
4. मृग मरीचिका

ग़ज़ल

की है कोई हसीन ख़ता[1] हर ख़ता के साथ
थोड़ा सा प्यार भी मुझे दे दो सज़ा के साथ

1. ग़लती, त्रुटि

गर डूबना ही अपना मुक़द्दर[2] है तो सुनो
डूबेंगे हम ज़रूर मगर नाख़ुदा के साथ

2. भाग्य

मन्ज़िल से वोह भी दूर था और हम भी दूर थे
हमने भी धूल उड़ाई बहुत रहनुमा[3] के साथ

3. मार्ग दर्शक

रक़्स-ए-सबा[4] के जश्न में हम तुम भी नाचते
ऐ काश तुम भी आ गये होते सबा[5] के साथ

4. वायु का नृत्य
5. वायु

इक्कीसवीं सदी की तरफ़ हम चले तो हैं
फ़ित्ने[6] भी जाग उठे हैं आवाज़-ए-पा[7] के साथ

6. उपद्रव 7. पाँव की आवाज़

ऐसा लगा ग़रीबी की रेखा से हूँ बुलन्द
पूछा किसी ने हाल कुछ ऐसी अदा के साथ

अल्लामः इक़्बाल

1936 ई.

इब्लीस की मज्लिस-ए-शूरा
1936 ई.

इब्लीस

यह अनासिर[1] का पुराना खेल! यह दुनिया-ए-दूँ[2] !
साकिनान-ए-अर्श-ए-आज़म[3] की तमन्नाओं[4] का ख़ूँ !

1. तत्व 2. तुच्छ, दुनिया, संसार 3. आकाश के निवासियों 4. अभिलाषाओं

उस की बर्बादी पे आज आमादा[5] है, वोह कारसाज़
जिसने उस का नाम रखा था जहान-ए-काफ़-ओ-नूँ

5. सहमत, तैयार
6. अंग्रेज 7. स्वामित्व

मैंने दिखलाया फ़िरंगी[6] को मुलूकियत[7] का ख़्वाब
मैंने तोड़ा मस्जिद-ओ-देर-ओ-कलीसा का फुसूँ[8]

8. जादू, माया-कर्म

मैंने नादारों[9] को सिखलाया सबक़[10] तक़्दीर[11] का
मैंने मुन्इम[12] को दिया सरमायादारी[13] का जुनूँ!

9. दरिद्रों 10 पाठ 11. भाग्य का 12. समृद्धशाली, धनवान 13. पूँजीवादिता

कौन कर सकता है उस की आतिश-ए-सोज़ाँ[14] को सर्द[15]
जिस के हँगामों में हो इब्लीस का सोज़-ए-दरूँ[16]

14. जलन की आग
15. ठण्डा 16. आंतरिक दुख

जिस की शाखें हो हमारी आबयारी[17] से बुलन्द
कौन कर सकता है इस नख़्ल-ए-कुहन[18] को सरनिगूँ[19]

17. सिंचाई
18. वृद्ध वृक्ष, पुराना पेड़
19. झुका

"पहला मुशीर"

इसमें क्या शक है के मुह्कम[20] है यह इब्लीसी निज़ाम
पुख़्तातर उस से हुए ख़ू-ए-गुलामी में अवाम

20. सुदृढ़

है अज़ल[21] से उन गरीबों के मुक़द्दर[22] में सुजूद[23]
उन की फ़ित्रत[24] का तक़ाज़ा है नमाज़-ए-बेक़ियाम[25]

21. अनादिकाल, आदि 22. भाग्य
23. सिज्दे, झुकना, पैरों में गिरना
24. प्रकृति 25. बिना खड़े पूजा

आरज़ू[26] अव्वल तो पैदा हो नहीं सकती कहीं
हो कहीं पैदा तो मर जाती है या रहती हैं ख़ाम![27]

26. अभिलाषा
27. कच्ची

यह हमारी सई-ए-पैहम[28] की करामत है के आज
सूफ़ी-ओ-मुल्ला मुलूकियत के बन्दे हैं तमाम!

28. आपसी प्रयास

तबूए मश्रिक़[29] के लिए मौज़ूँ यही अफ़्यून थी
वर्ना क़व्वाली से कुछ कमतर नहीं इल्म-ए-कलाम!

29. पूर्व का स्वास्थय

है तवाफ़-ओ-हज[30] का हंगामा अगर बाक़ी तो क्या
कुन्द होकर रह गई मोमिन की तेग़-ए-बेनियाम!

30. हज में चक्कर लगाना

किस की नौमीदी[31] पे हुज्जत है यह फ़र्मान-ए-जदीद[33] !
है जिहाद इस दौर में मर्द-ए-मुसलमाँ पर हराम!

31. निराशा 32. विवाद, तर्क
33. नवीन अध्यादेश

"दूसरा मुशीर"

ख़ैर है सुल्तानी-ए-जुम्हूर[34] का ग़ौग़ा[35] के शर[36] ?
तू जहाँ के ताज़ा फ़ित्नों से नहीं है बाख़बर!

34. लोकतन्त्र का शासक
35. कोलाहल 36. उपद्रव

"पहला मुशीर"

हूँ, मगर मेरी जहाँबीनी[37] बताती है मुझे
जो मुलूकियत का इक पर्दा हो क्या उस से ख़तर[38]

37. संसार का दृष्टिकर्ता
38. आशंका, भय

हम ने खुद शाही को पहनाया है जुम्हूरी लिबास
जब ज़रा आदम हुआ है खुद शनास-ओ-खुदनगर[39]

39. स्वयं परिचित

कारोबार-ए-शहरयारी की हक़ीक़त और है
यह वुजूद-ए-मीर-ओ-सुल्ताँ पर नहीं है मुनहसिर[40]

40. आधारित

मजलिस-ए--मिल्लत हो या पर्वेज़ का दरबार हो
है वो सुल्ताँ ग़ैर की खेती पे हो जिस की नज़र!

तूने देखा क्या नहीं मग़्रिब[40] का जुम्हूरी निज़ाम!
चेहरा रोशन, अन्दरूँ चंगेज़ से तारीक तर!

40. पश्चिमी

"तीसरा मुशीर"

रूह सुल्तानी रहे बाक़ी तो फिर क्या इज़्तिराब[41]
है मगर क्या इस यहूदी की शरारत का जवाब?

41. बैचेनी

वह कलीम-ए-बेतजल्ली[42] ! वोह मसीह बेसलीब!
नीस्त[43] पैग़म्बर-ओ-लेकिन दर बग़ल दारद किताब!

42. बात करने की तेज न होना
43. निरस्तित्व

क्या बताऊँ क्या है काफ़िर की निगाह-ए-पर्दा सोज़[44]
मश्रिक़-ओ-मग़्रिब की क़ौमों के लिए रोज़े हिसाब!

44. ईर्ष्यालु आंख

इस से बढ़ कर और क्या होगा तबीअत का फ़साद[45]
तोड़ दी बन्दों ने आक़ाओ[46] के ख़ेमों की तनाब![47]

45. दंगा
46. मालिकों के 47. तम्बू की रस्सी

"चौथा मुशीर"

तोड़ उस का रोमतुल कुबरा[48] के ऐवानों में देख
आल-ए-सीज़र[49] सीज़र को दिखाया हमने फिर सीज़र का ख़्वाब

48. रोम के बड़े भवनों
49. सीज़र के वंशज

कौन बह्र-ए-रोम की लहरों से है लिपटा हुआ
गाह बालद चूँ सनोबर गाह नालद चूँ रबाब !

"तीसरा मुशीर"

मैं तो उस की आक़िबतबीनी[50] का कुछ क़ाइल नहीं
जिस ने उफ़ रंगी सियासत को किया यूँ बेहिजाब[51] !

50. परिणामदर्शी
51. बेपर्दा

"पांचवां मुशीर"

ऐ तेरे सोज़-ए-नफ़स[1] से कार-ए-आलम[2] उस्तुवार[3]
तूने जब चाहा किया हर पर्दगी को आश्कार[4]

1. जलन का सांस 2. सांसारिक कार्य 3. सुदृढ़, स्थायी 4. प्रकट

आब-ओ-गिल[5] तेरी हरारत से जहान-ए-सोज़-ओ-साज़[6]
अबला-ए-जन्नत[7] तिरी तालीम से दाना-ए-कार[8]

5. संसार 6. शैतानी संसार
7. स्वर्ग की सभी 8. बुद्धि प्रर्वक कार्य

तुझ से बढ़ कर फ़ित्रत-ए-आदम का वोह महरम[9] नहीं
सादा दिल बन्दों में जो मशहूर है परवर दिगार

9. परिचित

काम था जिनका फ़क़त तक़्दीस-ओ-तस्बीह-ओ-तवाफ़[10]
तेरी ग़ैरत[11] से अबद[12] तक सरनिगून-ओ-शर्मसार[13]

10. पवित्र रहकर माला पहना व चक्कर लगाना 11. शर्म से
12. अन्त तक 13. लज्जित व सर झुका हुआ

गर्चे हैं तेरे मुरीद, अफ़रंग के साहिर[14] तमाम
अब मुझे उन की फ़िरासत[15] पर नहीं है ए'तिबार

14. जादू
15. प्रवीणता, दक्षता

वह यहूदी फ़ित्नः गर[16] वोह रूह-ए-मज़्दक का बुरूज़[17]
हर क़बा[18] होने को है उस के जुनूँ से तार तार

16. शैतान 17. प्रकट होना
18. पोशाक, गाउन

ज़ाग़-ए-दश्ती[19] हो रहा है हमसर-ए-शाहीन-ओ-चर्ख़[20]
कितनी सुर्अत[21] से बदलता है मिज़ाज-ए-रोज़गार[22]

19. जंगल का कौआ
20. शाहीन और आकाश का साथी 21. शीघ्रता से
22. रोज़गार का स्वभाव

छा गई आशुफ़्तः[23] होकर वुसूअत-ए-इफ़्लाक[24] पर
जिस को नादानी[25] से हम समझे थे इक मुश्त-ए-गुबार[26]

23. अस्त व्यस्त 24. फैला हुआ आकाश 25. मूर्खता 26. मुट्ठी भर मिट्टी

फ़ित्नः-ए-फ़र्दा[27] की हैबत[28] का यह आलम है के आज
काँपते हैं कोहसार-ओ-मुर्ग़ज़ार-ओ-जू-ए-बार[29]

27. आने वाले कल का उपद्रव
28. भय
29. पर्वतमाला और हरा-भरा जंगल तथा विशाल नहर

मेरे आक़ा! वोह जहाँ ज़ेर-ओ-ज़बर[30] होने को है
जिस जहाँ का है फ़क़त तेरी सियादत[31] पर मदार[32]

30. ऊँच नीच
31. श्रेष्ठता 32. निर्भरता, सहारा

"इब्लीस"

है मिरे दस्त-ए-तसर्रूफ़[1] में जहान-ए-रंगो बू[2]
क्या ज़मीं, क्या मह्रो मह[3] क्या आसमान-ए-तूबतू

1. अधिकार में 2. शोभा
3. चांद तारे

देख लेंगे अपनी आँखों से तमाशा ग़र्ब-ओ-शर्क़[4]
मैंने जब गर्मा दिया अक़्वाम-ए-यूरोप[5] का लहू[6]

4. पूर्व पश्चिम
5. यूरोप के राष्ट्र 6. ख़ून

क्या इमामान-ए-सियासत, क्या कलीसा के शयूख़[7]
सब को दीवाना बना सकती हैं मेरी एक हू!

7. अध्यक्ष
8. शीशे का कारख़ाना

कारगाहे शीशा[8] जो नादाँ[9] समझता है उसे
तोड़ कर देखे तो उस तह्ज़ीब के जाम-ओ-सुबू[10]

9. मूर्ख
10. घड़ा व ग्लास

दस्त-ए-फ़ित्रत[11] ने किया है जिन गिरेबानों को चाक
मुज़्द[12] की मन्तिक़[13] की सोज़न से नहीं होते रफू

11. प्रकृति के हाथों ने
12. मज़दूर 13. तर्क

कब डरा सकते हैं मुझ को इश्तिराकी कूचा गर्द[14]
यह परेशाँ रोज़गार, आशुफ़्तः मग़्ज़[15], आशुफ़्तः हू!

14. साम्यवाद कूचे की धूल
15. बदहवास

है अगर मुझ को ख़तर[16] कोई तो उस उम्मत से है
जिसक की ख़ाकिस्तर में है अब तक शरार-ए-आरज़ू[17]

16. भय 17. अभिलाषा की चिंगारी

ख़ाल[18] ख़ाल इस क़ौम में अब तक नज़र आते हैं वोह
करते हैं अश्क-ए-सहरगाही से जो ज़ालिम वज़ू

18. कभी कभी

जानता है, जिस पे रोशन बातिन-ए-अय्याम[19] है
मुज़्दकियत[20] फ़ितना-ए-फ़र्दा[21] नहीं, इस्लाम है

19. छिपे हुए दिन
20. मज़दूरी 21. आनेवाले कल का उपद्रव

जानता हूँ मैं यह उम्मत हामिल-ए-क़ुर्आं[22] नहीं
है वही सरमायादारी बन्दा-ए-मोमिन का दीं

22. क़ुर्आन के योग्य

जानता हूँ मैं के मश्रिक़ की अन्धेरी रात में
बे यदे बीज़ा[23] है पीरान-ए-हरम[24] की आस्तीं

23. चमत्कार 24. हरम (पवित्र स्थल) के बुजुर्ग

अस्र-ए-हाजिर[25] के तक़ाजों से है लेकिन यह ख़ौफ
हो न जाये आश्कारा[27] शर्ए पैग़म्बर कहीं

25. वर्तमान समय
26. भय 27. प्रकट 28. ख़ुदा की पनाह, ख़बरदार
29. पैग़म्बर का संविधान
30. स्त्री के सतीत्व का स्वाभी

अलहज़र[20] आईन-ए-पैग़म्बर[29] से सौ बार अलहज़र
हाफ़िज़-ए-नामूस-ए-ज़न[30], मर्दाज़्मा, मर्द आफ़्रीं

31. गुलामी के रूप 32. चीन के शासक की उपाधि और सम्राट् 33. फ़क़ीर के रहने का चिन्ह

मौत का पैग़ाम हर नौअ-ए-गुलामी[31] के लिए
नै कोई फ़ग़फ़ूर-ओ-ख़ाक़ाँ,[32] बेफ़क़ीर-ए-रहनशीं[33]

करता है दौलत को हर आलूगी[34] से पाक-ओ-साफ़
मुन्अमों[35] को माल-ओ-दौलत का बनाता है अमीं[36]

34. गन्दगी 35. मालदार
36. अमानतदार

इससे बढ़ कर और क्या फ़िक्र-ओ-अमल का इन्क़िलाब!
पादशाहों की नहीं, अल्लाह की है यह ज़मीं

चश्म-ए-आलम से रहे पोशीदा यह आईं तो ख़ूब
यह ग़नीमत[37] है के खुद मोमिन है महरूम-ए-यक़ीं[38] !

37. क़द्र के योग्य 38. वंचित विश्वास

है यही बेहतर इलाहियात[39] में उलझा रहे
यह किताबुल्लाह की तावीलात[40] में उलझा रहे

39. ब्रह्मज्ञान से संबंधित शास्त्र आदि
40. कष्ट कल्पना

3

तोड़ डालीं जिस की तक्बीरें तिलिस्म-ए-शश-जिहात[41]
हो न रोशन[42] उस खुदा अन्देश की तारीक[43] रात!

41 जादू के रूप
42. प्रकाशित 43. अन्धेरी

इब्न-ए-मरियम मर गया ज़िन्दा-ए-जावेद[44] ?
हैं सिफ़ात-ए-ज़ात-ए-हक़[45], हक़ से जुदा या ऐन ज़ात?

आने वाले से मसीह-ए-नासिरी[46] मक़सूद है
या मुजद्दिद[47] जिस में हों फ़र्ज़ंद-ए-मरियम[48] के सिफ़ात[49] ?

44. सदैव रहने वाला
45. सत्य जाति की विशेषताएं
46. सहायता का मसीह
47. पुराने को नवीन करने वाला 48. मरियम का पुत्र
49. विशेषताएं

हैं कलाम अल्लाह के अल्फ़ाज़ हादिस[50] या क़दीम[51]
उम्मत-ए-महूम की है किस अक़ीदे में नजात[52]?

क्या मुसलमाँ के लिए काफ़ी नहीं इस दौर में
यह इलाहीयात[53] के तुर्शे हुए लात-ओ-मनात[54]?

तुम उसे बेगाना रखो आलम-ए-किर्दार से
ता बिसात-ए-ज़िन्दगी[55] में उस के सब मुहूरें हों मात!

ख़ैर इसी में हैं क़ियामत तक रहे मोमिन गुलाम
छोड़ कर औरों की ख़ातिर यह जहाँन-ए-बेसबात[56]

है वहीं शे'र-ओ-तसव्वुफ़[57] उस के हक़ में ख़ूबतर
जो छुपा दे उस की आँखो से तमाशा-ए-हयात[58]

हर नफ़स[59] डरता हूँ उस उम्मत की बेदारी से मैं
है हक़ीक़त जिस के दीं की एहतसाब-ए-काइनात!

मस्त रखो ज़िक्र-ओ-फ़िक्र-ए-सुबहगाही[61] में उसे
पुख़्तातर[62] कर दो मिज़ाज-ए-ख़ानक़ाही[63] में उसे

50. नश्वर 51. प्राचीन
52. मुक्ति
53. ब्रह्म ज्ञान से संबंधित शास्त्रादि
54. पत्थर के भगवान
55. जीवन का अस्तित्व
56. बिना अस्तित्व का संसार
57. अध्यात्म
58. जीवन का तमाशा
59. सांस 60. संसार का लेखा जोखा संसार की गणना
61. प्रातः काल की चर्चा और चिंता
62. खूब मज़्बूत 63. आश्रम का स्वभाव

“कैफ़ी” आज़मी

1983 ई0

इब्लीस की मज्लिस-ए-शूरा[1]

दूसरा इज्लास[2]

1983 ई0

1. कार्य कारिणी 2. दरबार

इब्लीस

अल अमाँ[1] वल हज़्र[2] गीती[3] का यह रक़्स-ए-जुनूँ[4]
ढल चला है एक साँचे में जहान-ए-काफ़-ओ-नूँ[5]

1. ख़बरदार 2. उफ़ 3. संसार 4. पागलपन का नृत्य 5. दुनिया का मौजूद होना

मश्रिक़-ओ-मग़्रिब[6] में पहली सी नहीं बेगानगी
सर हदों ने मल लिया रूख़सार[7] पर सिमतों का ख़ूँ

6. पूर्व व पश्चिम
7. गाल

मिट चले तेज़ी से रंग -ओ-नस्ल के सब तफ़्रिक़े[8]
जिन के हाथों आज तक इंसाँ रहा ज़ार-ओ-ज़बूँ[9]

8. परस्पर विरोध
9. बूढ़ा जवान, लज्जित व प्रतिनिधि

मस्जिद-ओ-देर-ओ-कलीसा आज इक मर्कज़[10] पे हैं
घूमती है आज एक मह्वर[11] पे यह दुनिया-ए-दूँ[12]

10. केन्द्र
11. परिधि 12. आकाश व संसार

पर्चम-ए-तौहीद[13] -ए-इंसाँ ता सुरय्या[14] है बुलन्द[15]
जिस को झुक कर चूमता है आसमान-ए-नील गूँ[16]

13. एकता का झण्डा 14. सात तारे
15. ऊँची 16. नीला आकाश

हो गया किस तरह इन्साँ हमसे इतना मुनहरिफ़[17]
उस के कानों में न जाने किस ने फूँका यह फुसूँ[18]

17. बदला हुआ
18. मन्त्र

"पहला मुशीर"

मैं के उस मज्लिस में था तेरी सदाये बाज़गश्त[1]
आज हर्फ़-ए-हक़[2] कहूँ मिल जाये गर उज़्न-ए-कलाम[3]

1. टकराती हुई आवाज़, प्रतिध्वनि
2. सत्य बात 3. बांग

यह जो शहबाज़ों की गर्दन पर ममूले[4] हैं सवार
यह जो आक़ा का गिरेबाँ चाक करते हैं गुलाम

4. धारी दार पक्षी 5. आपस में

हो रही हैं यह जो पैहम[5] तै ख़ला[6] की मन्ज़िलें
क़ाफ़िला इन्सानियत का है जो इतना तेज़गाम[7]

6. अन्तरिक्ष
7. शीघ्र चलने वाला

जिस को बहका कर निकलवाया था जन्नत से कभी
रह गयी है उस से जन्नत अब तो बस दो एक गाम[8] — 8. क़दम

जिसकी रिफ़अत[9] को अज़ल की सुबह[10] तो पहुँचा न था
गाड़ने वाला है वोह अफ़्लाक[11] पर अपने ख़ियाम[12] — 9. ऊँचाई 10. आदि की प्रातः 11. आकाश 12. शिविर

तेरी निख़्वत[13] जिस को ख़ातिर में कभी लाई नहीं — 13. घमण्ड, अभिमान
ना समझ यह सब उसी मर्द-ए-यहूदी का है काम

तेरे कहने से जिसे मुह्कम[14] समझ बैठा था मैं — 14. सुदृढ़
निकाला तार-ए-अन्कबूत[15] आख़िर वोह इब्लीसी निज़ाम — 15. मकड़ी का जाला

"दूसरा मुशीर"

हो रही है नौअ-ए-इन्साँ एक, यह तस्लीम[16] है — 16. स्वीकार
यह भी तो देख आदमी तब्क़ात में तक़्सीम[17] है — 17. वर्गों में बटा हुआ

लुटने वाले हैं हज़ारों लूटने वाले हैं चन्द[18] — 18. कुछ
ज़िन्दगी की कल जो थी अब तक, वही तन्ज़ीम[19] है — 19. संगठन

यह ज़बूर-ए-वह्दत-ए-इन्साँ[20] जो ले आया है तू
उसमें जितना सच है, वोह भी लाइक़-ए-तर्मीम[21] है — 20. मानवीय एकता 21. संशोधन योग्य

आजिर-ओ-मज़्दूर[22] का जब तक रहेगा यह तज़ाद[23]
दावा-ए-वह्दत[24] तिरा नाक़ाबिल-ए-तफ़्हीम[25] है — 22. व्यापारी व मज़्दूर 23. मतभेद 24. एकता का दावा 25. समझाने के योग्य

"तीसरा मुशीर"

कम स्वादी इक मर्ज़ है कुछ नहीं जिसका इलाज
कैसे तू बदला हुआ देखेगा दुनिया का मिज़ाज[26] — 26. स्वभाव

जो कभी मुज़्दक[27] ने देखा था वोह बेशक़ ख़्वाब था
इक हक़ीक़त बन गया लेनिन ने वोह देखा जो आज

27. मज़्दूर

जिस में तबक़ों की पुरानी कशमकश बाक़ी नहीं
है उसी रूए ज़मीं पर एक ऐसी भी समाज

करके चश्म-ए-तंग वा[28] उस दुनिया का नज़ारा कर
जिस जगह पहले पहल मेह्नत ने रखा सर पे ताज

28. बंद आँखे खोलकर

बन गये होंठों तक आते आते शोरे इन्क़िलाब
असर-ए-नौ को याद थे जितने भी हर्फ़-ए-एह्तिजाज[29]

29. असन्तोष

"चौथा मुशीर"

रोमतुल कुबरा[30] के ऐवानों से उठा हैं जो शोर
दब के रह जायेगा उसमें सारा शोर-ए-इन्क़िलाब

30. रोम के बड़े भवनों से

इश्तिराकी रूस एक कुंजिश्क[31] है जिस को कभी
दाब के पंजे में, उड़ जायेगा यह फ़ाशी[32] उक़ाब[33]

31. चटक, गौरय्या
32. प्रकट, खुला हुआ, स्वतन्त्र
33. पक्षी

तीसरा मुशीर

गो मुझे हर्फ़-ए-मुकर्रर[1] की इजाज़त तो नहीं
आख़िरी मज्लिस है तेरी आख़िरी मेरा जवाब

1. पुनः बोलने की

रूस एक कोहे हक़ीक़त[2] है बिसात-ए-अर्ज़[3] पर
रेज़ः रेज़ः[4] हो गया टकरा के जिस से तेरा ख़्वाब

2. वास्तविकता
3. पृथ्वी के अस्तित्व पर 4. कण कण

अपने पर चुनता है अपनी ख़ूँचिकाँ मिन्क़ार[5] में
तिलमिला कर रूस पर झपटा था जो फ़ाशी उक़ाब

5. ख़ून में लीन चोंन्द

इब्लीस

तन्ज़[1] है फीका तेरा बुह्‌रानों बेमग्ज[2] तेरी गुफ़्तुगु[3]
इश्तिराकियत के बुह्‌रानों[4] से नावाक़िफ़[5] है तू

1. व्यंग्य 2. बेकार जिसमे कोई रस न हो
3. बातचीत 4. संघर्ष, कशमकश
5. अपरिचित

रूस से दस्त-ओ-गिरेबाँ[6] माओवादी-ए-चीन है
वोल्गा से बद गुमाँ पौलेण्ड की है आबजू[7]

6. मुठभेड़ भिड़े हुए
7. नहर

हो रहा है आये दिन ताज़ा तज़ादों[8] का जुहूर[9]
है ज़वाल आमादः[10] लेनिन का जहान-ए-आर्ज़ू[11]

8. प्रतिकूलता 9. प्रकट होना 10. पतन-शीलता 11. विश्व को विजय करना, संसार को प्राप्त करने की अभिलाषा

इख़्तिलाफ़ों[12] ने किया ख़ामी[13] को उस की बेनक़ाब
जिस के इस्तेह्‌काम[14] का बजता था डंका चार सू[15]

12. मतभेद 13. कमी, त्रुटि
14. दृढ़ता 15. हर ओर, चारों ओर

पांचवां मुशीर
(2)

होगी तेरी तबअ-ए-नाजुक[1] पर गिराँ[2] यह गुफ़्तुगू
वक़्त की रफ़्तार से है किस कद्र बेगाना[3] तू

1. कोमल स्वभाव 2. भारी
3. कितना अधिक निश्चिन्त

यह तज़ादों का तसादुम[4] है तरक़्क़ी की दलील
अपनी नाफ़ह्‌मी[5] से समझा है जिसे बुह्‌रान[6] तू

4. मतभेदों का युद्ध
5. मूर्खता 6. परेशानी, संघर्ष

पहले तन्हा रूस था अब उस के साथी हैं कई
और हर साथी को अपनी राह की है जुस्तुजू[7]

7. खोज

इख़्तिलाफ़ों[8] का हुआ ख़ुद ए'तिमादी[9] से जुहूर[10]
है ख़िरद[11] की पुख़्तगी ख़ामी[12] जिसे समझा है तू

8. मतभेद 9. आत्मनिर्भरता 10. प्रकट
11. बुद्धि 12. कमी, त्रुटि

कुर्रा-ए-गीती[13] हथेली पर उठाये शान से
किस बुलन्दी पर है लेनिन का जहान-ए-आर्ज़ू[14]

13. संसार का भाग
14. संसार को प्राप्त करने की अभिलाषा

हर क़दम पर तुझ से होता ज़ा रहा है और दूर
चल पड़ा किस रास्ते पर यह जहान-ए-रंग-ओ-बू[15]

15. शोभा

कर रहे है अस्र-ए-हाज़िर[16] की वही मशृशातगी[17]
जिन को तू कहता था कल आशुफ़्तः मग़्ज़[18] आशुफ़्तः हो

16. वर्तमान काल 17. बनाना, संवारना
18. परेशान मस्तिष्क

छीन ली साक़ी से प्यासों ने क़लीद-ए-मैक़दा[19]
तोड़ डाले नारवा तक़्सीम के जाम-ओ-सुबू[20]

19. शराब ख़ाने का आधार
20. शराब का प्याला

तेल के चश्मों में ख़किस्तर[21] है उनकी तहनशीं[22]
जिन की ख़किस्तर में चमका था शरार-ए-आर्जू[23]

21. खाक होना 22. तलहद
23. अभिलाषा की चिंगारी

आज सहृबा-ए-तअय्युश[24] में हैं वोह डूबे हुए
करते थे अश्क-ए-सहरगाही[25] से जो ज़ालिम वजू

24. शराब के नशे में
25. प्रातः टहलने के आँसुओं से

देख अपनी शक्ल या झल्ला के उस को तोड़ डाल
रख दिया आईना मैंने आज तेरे रू बरू[26]

26. समक्ष,

कल जो नाज़ी थे वोह कम्बख़्त आज इस्राईल हैं
जिन के आगे सर बसिज्दा[27] वारिसान-ए-नील[28] हैं

27. सर झुकाकर गिरना
28. नील नदी अर्थात् मिस्र के निवासी

क़तअः

देख भी ले कितनी ज़ालिम गर्दिश-ए-अय्याम[1] है
जिस को तू शाहीं समझता था वोह ज़ेर-ए-दाम[2] है

1. कठिनाई के दिन
2. जाल के भीतर

कैम्प डेविड से जुलैख़ा लौटी यह कहती हुई
माह-ए-कनूआँ[3] का नहीं सादात का नीलाम है

3. हज़्रत यूसुफ़

सारे हथियारों के ताजिर[4] आये हैं डालर बदस्त[5]
हम से दिल वालों का इस बाज़ार में क्या काम है

4. व्यापारी 5. डालर के साथ

अपने आलीशान हुजूरों[6] से निकल सकते नहीं
जो सरापा[7] इंतिज़ार-ए-सूर-ए-इस्राफ़ील हैं

देखने वाले फ़लिस्तीनी जिगर दारों का क़त्ल
अपनी अपनी ख़ल्वत[8] में महव-ए-क़ाल-ओ-क़ील[9] हैं

करते हैं तस्बीह के दानों पे जो डालर शुमार[10]
पेट हैं कश्कोल[11] उन के दाड़ियाँ ज़बींल[12] हैं

6. भवनों में
7. पूर्ण
8. सोने का स्थल, एकान्त 9. प्रेम में लीन
10. गिनती
11. मांगने वाला बर्तन
12. थैला

क्यों फ़रोग़-ए-इश्तिराकियत[1] से तू है दर्दमन्द[2]
अब हैं मुस्लिम भी इसी पर्चम के नीचे सर बुलन्द[3]

1. साम्यवाद के विकास व प्रसार
2. दुखी 3. मस्तक ऊँचाा किये

इस तरफ़ है सर निगूनी[4] सर फ़राज़ी[5] उस तरफ़
मिस्र को क्या देखता है देख सुए ताशक़न्द

4. सर झुकाना 5. धनवान

हाथ बन्धवाकर पढ़ाई जिन से मुल्ला ने नमाज़
फेंकते हैं आज वोह चाँद और तारों पर कमन्द[6]

6. फन्दा

हैं वही शेर-ए-खुदा के शेर जो आज़ाद हों
वरना महकूमी[7] में बन जाते हैं वोह भी गोस्फ़ंद[8]

7. गुलामी
8. बकरी

ताबा मिम्बर[9] आ गया गलियों से ख़ूँ बहता हुआ
होगी कब बैरूत में तेग़-ए-यद[10] लिल्लाही बुलन्द

9. उपदेश मंच तक
10. हाथ की तलवार

उस को छूने की दुबारः करके हिम्मत देख ले
इश्तिराकियत का पर्चम आज है कितना बुलन्द

इब्लीस[1]

जिस बुलन्दी पर है नादाँ[2] इश्तिराकियत तिरी
उस से कुछ ही पस्त[3] होगा ऐटमी गोलों का ढेर

बैठ कर ढकारता है जिस पे वाशिंगटन का शेर
मेरी चुटकी है उस की दुम हिला दुँगा कभी

कुछ नहीं कुछ भी नहीं दुनिया की बर्बादी में देर

1. शैतान
2. मूर्ख
3. पिछड़ा

पांचवां मुशीर[1]

(1)

वियतनामी जंगलों में जिस के नाखुन रह गये
कैसे समझे जा रहा है अब भी तो उस को दिलेर[2]

काख़-ए-वाशिंगटन[3] से टकराने लगा सैलाब-ए-अम्न[4]
उस से ज़िन्दा पार उतर सकता नहीं काग़ज़ का शेर

1. सलाहकार
2. वीर, साहसी
3. वाशिंगटन भवन 4. शांति का प्रचार

आवाज़

मज्लिस आराई[1] की फुर्सत भी नहीं तुझको इजाज़त[2] भी नहीं

1. सभा संगठित करना 2. आज्ञा

"पांचवा मुशीर"[3]

3. सलाहकार

वक़्त का ए'लान सुन के इस तरह तो मुँह न फेर
मज्लिस-ए-शूरा[4] को कर बरख़ास्त[5] इस में कर न देर

4. कार्यकारिणी 5. समाप्त करना

इब्लीस[6] मज्लिस बरख़ास्त करने का ए'लान कर देता है

6. शैतान

■■